歴史文化ライブラリー

454

闘いを記憶する百姓たち

江戸時代の裁判学習帳

八鍬友広

吉川弘文館

目　次

実力行使・神・裁判――プロローグ

実力行使

「実力による現状の変更は認められない」。ニュースなどでしばしば耳にするこのフレーズは、国家間における、とくに領域にかかわる紛争と関連していわれる言葉である。ここでは、国家間においてさえも、むやみに実力を行使することを不適切なものであるとする認識が示されているといえる。

実力行使を不適切なものであるとする認識は、それぞれの国内に限っていえば、現在ではあたり前のこととして人々に受け入れられているといってよいだろう。あらゆる問題は、実力行使によってではなく、法と裁判とによって解決されるべきものであると考えられているのである。冒頭のフレーズは、このような考え方が、今日では国家間の関係においてさえも適用されるべきものとなりつつあることを示しているのである。実力行使の違法化とでもいうべき概念の深化を示すものということができるだろう。

しかしながら、このような概念の深化が簡単なものではなかったこともまた事実である。歴史のなかのある時期には、一定の領国間においてはもとより、地域同士の紛争や個人間の争いごとにおいてさえも、実力が行使されることがそれほど異常とはいえない状況が展開していたのである。実力行使の違法化は、秩序の保持を求める人々の願いを背景にしつつ、他方では、公権力による人々の自由の制約という事態をともないながら展開してきたものでもあった。無数の闘争と紛争のなかで、それは歴史的に形成されてきたものであったのである。

このような実力行使は「自力救済《じりききゆうさい》」ともいわれ、大規模化すると「私戦」（フェーデ）にまで展開する場合もあった。『紛争と訴訟の文化史』（歴史学研究会編）には、自力救済とフェーデが、洋の東西を問わず、ある時期までなんら異常なものではなかったこと、またそれゆえに、このような実力行使が際限なく展開しないようにするためのさまざまな慣習が存在したことが示されている。

このなかでとくに興味深いのは、中世アイスランドの紛争解決手段についての事例である。「斧を手にして法廷へ―戦いか訴訟か―」と題される阪西紀子の論稿によれば、アイスランドには、自由人の成人男性が武装して集まり、法を決めたり裁判を行ったりするための集会の制度が存在したという。その後、この全島集会制度はさらに発達し、最上級法廷とでもいうべきものも創設される。このような裁判制度を発達させていたにもかかわらず、中世アイスランドでは、自力救済行為がきわめて重要な役割を果たしていたというのである。裁判手続きによって人々の紛争を裁くことができる場合ももちろんあったが、双方の武力行使により法廷が開けなかったり、戦闘が始まってしまったりするということも少なくなかった。また集会が開かれても、対立する双方が手勢を引き連れてにらみ合うなどということがしばしばであったとされる。訴訟や裁判は、問題解決の一手段にすぎないのであり、その意味で、まさに斧を手にして法廷へ臨むものだったというわけである。

同書のなかで山内進が紹介する中世ヨーロッパの「決闘裁判」も、訴訟や裁判と自力救済行為とが結合したものということができるだろう〈山内「同意は法律に、和解は判決に勝る」〉。山内によれば、ヨーロッパ中世とは、「おのれの血縁と地縁、宣誓仲間とその共同体の繁栄とを絶対視し、そのために自力で戦うことを正義とみなす世界であった」〈前掲書〉。そのような風習のなかで、関係する全員が納得する紛争解決のひとつの手段が決闘だったのである。その場合、決闘は単なる実力行使ではなく、平和形成のための戦いであり、自力救済の可能性を担保することによって、当事者を裁判へと誘導するものであったのだという。

要するに、以上は最終手段としての自力救済を一定の範囲で容認することによって、かえって実力行使が無制限に展開することを抑止し、あわよくば裁判によって決着させようとする一種の知恵であったということができよう。ここには、当事者間の実力行使による最終解決ということがいかに根強く展開していたかということと同時に、それらを一定の範囲に抑制しようとする知恵が、さまざまな形をとって展開している様子が示されているのである。

日本における自力救済

事情は日本でも同じであった。中世日本における村落間の紛争において実力が行使されることはなんら異常なことではなかった。きわめて強い自力救済観念が支配する中世社会においては、訴訟は紛争解決の一手段にすぎず（勝俣鎮夫『戦国法成立史論』）、私戦を選ぶか訴訟に持ち込むかは、時々の状況に応じて選択されるものであったという（羽下徳彦「故戦防戦をめぐって」）。

しかしそこでも、暴力の応酬が一定の範囲に収束するためのさまざまな慣習（自力の作法）が存在したのである。紛争時の相手方実力行使への報復は「相当」と呼ばれたが、これは、自分方が受けた被害と同等の被害を相手方に請求するものであった（藤木久志『豊臣平和令と戦国社会』）。同量補償の請求以上に暴力の応酬が展開することを抑止するものであったといえよう。

また実力行使にあたっても、直接的な暴力の応酬に先行する作法があった。「鎌を取る」という行為もそのひとつである。相手方の道具を差し押さえる行為である。これは、山野への排他的な私権の主張と相手方用益権の排除を意味する普遍的ないし象徴的な行為であり、少なくとも八世紀にまで遡及しえる慣行であったとされる。このほか、相手方耕作地を刈り取ってしまうなどという行為もあった（以上、藤木前掲書）。

このように、実力行使の世界は、ある時期までの世界においてひろく展開していたのであり、それゆえに、実力行使を一定の範囲に抑制しようとする作法も、さまざまなかたちで存在していたのである。

神による裁定

いかに種々の作法を駆使したとしても、ひとたび実力行使の応酬となれば、際限なく暴力が行使される可能性も排除はできない。そこで、より強力な裁定の方法が必要となる。それが、神による裁定である。なかでも、「鉄火裁判《てつかさいばん》」

はよく知られている。「鉄火起請《てっかぎしょう》」「火起請《ひぎしょう》」などとも呼ばれるものである。争い合う双方が神仏に正義を誓ったうえで焼けた鉄を握り、火傷《やけど》の程度によって勝敗を決するというものである。元和五年（一六一九）、近江国蒲生郡日野町《おうみのくにがもうぐんひのちょう》（滋賀県蒲生郡日野町）では、日野山の領有をめぐって鉄火裁判がおこなわれた。対立する双方の代表が、手のひらのうえに折皮《へぎかわ》を一枚置き、そのうえに火で熱した鉄片を載せ、九《メートル》離れた綿向《わたむき》神社の神棚まで運ぶというものであった（清水克行『日本神判史』）。

「鉄火」のほかに、熱湯に手をいれる「湯起請」や、宣誓者を一定期間社殿に参籠《さんろう》させ、その間に本人や家族の体に異変が現れないかをみる「参籠起請」というものもあった。このような裁定の在り方は、今日のわたしたちからみれば、はなはだ不合理なものとみえるかもしれないが、容易に理非の決着がつかない場合に、神の意思を介在させることによって、誰もが納得せざるをえない結末をもたらす方法だったのである。神による裁定という意味で、「神裁《しんさい》」あるいは「神判《しんぱん》」などとも呼ばれている。過酷な自力救済社会であった中世日本においては、共同体や社会のコンセンサスのもとに、秩序が維持されることこそが最も重要なものであった。神判は、神慮のもとにそのような合意を形成するひとつの方法だったのである。

清水克行は、種々の資料に確認される湯起請および鉄火起請の一覧表を作成している。それによれば、湯起請は、応永一一年（一四〇四）から永禄一三年（一五七〇）までの間に八七件、鉄火起請は、永正六年（一五〇九）から万治三年（一六六〇）までの資料に四五件をリストアップしている。これらをもとに清水は、「日本史上における神判（神明裁判）の歴史は、室町時代の一〇〇年間に湯起請というかたちで大流行を見せ、その後、それと入れ替わるように、より過激な鉄火裁判が戦国から江戸初期に小流行を見せ、その後はぱたりとやむという傾向を見せるようだ」と結論づけている（前掲書「はじめに」）。神判は、室町から近世初期にかけての日本社会において広くおこなわれていたのである。

神判がアジアの各地においておこなわれていたことは、古くから知られていたのであるが（中田薫『法制史論集』三）、R・バートレットによれば、中世ヨーロッパにおいてもそれは広くおこなわれているものであった（バートレット『中世の神判』〈竜嵜喜助訳〉）。そのなかには、驚くほど日本の鉄火裁判と類似したものもみられる。バートレットは、中世ヨーロッパにおける神判の典型的な形式を次のようなものであったと紹介している。すなわち、自己の正当性を主張しようとする者は、三日間の断食の後に熱鉄を取り上げ、三歩歩いてその鉄を下に置く、三日後に手を検査して、その状態によって無罪、もしくは有罪を決するというものである。日本の鉄火裁判と基本的な形式はまったく同じといってよいだろう。

バートレットは、熱鉄による神判のほか、沸騰した大釜に手を入れる熱湯神判、堀池や小川に身を投げる水審、決闘による神判などがあったことを紹介している。このうち熱湯神判は、日本の湯起請と類似したものということができよう。形式だけでなく、いきづまった審理を、神慮にもとづいて決着をつけるという点で、これらのものはいずれも日本における神判と同じ性質を有するものだったと考えることができるだろう。世界の各地に、このような神判が存在していたのである。社会のなかである種の合意を形成し、一定の秩序を構築することが、いかに困難なものであったのかということを、これらの事例は示しているということができる。それはまた、実力行使の応酬をできるかぎり抑止しようとする社会的なシステムでもあったのである。

神判から裁判へ

ヨーロッパでも日本でも、以上に述べたような神判は、ある時期から急激に姿を消すことになる。ヨーロッパでは、一三世紀に神判が明確に禁止の対象となっていく。前述のバートレットによれば、神判は衰退したのでも、衰退しつつあったものを教皇が遅ればせながらに確認したものでもなく、一二一五年の第四回ラテラノ公会議において明確に廃棄され、それによって神判の廃止が招来されたのであった（バートレット前掲書）。ヨーロッパにおける神判はキリスト教のなかで広まったものであったが、のちに聖職者自身によって明確に廃棄されたのである。バートレットによれば、神判にかわって発展していったのは、従来からなされてきた「証明」の拡張、陪審《ばいしん》による審理、そして拷問《ごうもん》の三つであった。裁判の手続きから神が退場して、俗なる人間の手によってなされることとなったのである。

山内進は、神判についてのピーター・ブラウンの見解を整理して、神判の後退と消滅は、神に代わって平和を維持しうる何ものかが世俗の世界に登場したことを意味するのであり、それは、「法と秩序」を担う国王や君主などの世俗的権力にほかならないとしている。そしてこのような動向を「当事者主義的平和形成」から「公権的平和形成」への展開であったとまとめている（山内前掲論文）。

日本における神判の消滅についても、類似した動向を認めることができる。日本の神判について類型的な検討をした清水は、近世初期に頻発した鉄火裁判が、一七世紀中ごろ以後になって急速に消滅していく背景として、近世権力がその基盤を確固たるものとして裁判権を確立していくことをあげている。近世社会の本格的到来とともに、神判ではなく、幕府や藩の公的な裁判こそが、すべての問題を解決する時代となっていったというのである（清水前掲書）。

世俗公権力による裁判が、神による裁定に取って代わるためには、当の公権力自体が安定的なものでなければならない。幕藩制公権力の確立は、まさにこのような条件をみたすものであったといえる。また、このようにしておこなわれる裁判は、審理過程における証明や裁決にあたっての合理性を備えていなければならないであろう。神による裁定ではなく、人間自身が自らの判断にもとづいて審理をおこなう以上、その審理過程自体が、神にかわって人々を納得させる力を持たなければならなかったからである。

この点で興味深いのは、バートレットが、神判廃止の歴史は、慣習的・口頭的な特許状がその力を失っていき、書かれたものの権威がますます特権的な立場を強めていく過程にほかならなかったと述べていることである（バートレット前掲書）。書かれたものこそが真実であり、それにもとづいて人間自身が合理的に判断をしていくことができるとする心性の変化が、神判からの離脱の重要な背景とされているのである。

紙とそれによる文書《もんじょ》が発達していた日本においては、書かれたものの権威は比較的古くから高かったと考えられるが、しかし近世期における文書の普及は、それ以前とはまったく異なる次元のものであった。書かれたものがより重要なものとなるという点では、近世期の日本社会もまったく同様であった。文書主義こそは、近世日本社会のもっとも顕著な特徴のひとつであったからである。

高木不二は、近世日本におけるひとつの特質として、人々の心に占める「感情」の比率の相対的な低下と、「理性」の比重の増加および合理的思考への傾斜というものをあげている（高木『日本近世社会と明治維新』）。高木は、このような心性の変化の背景に、近世社会における識字と教育の普及があったと述べている。このような動向のなかで、近世日本社会でも、「書かれたもの」の権威はそれまで以上に重要なものとなっていったと考えられるのである。

近世の裁判においては、証拠として提出される文書こそがもっとも重要な要素となっていく。「書かれたもの」をどれだけ揃えられるかが、裁判の勝敗を分けるものとなっていくのである。近世社会においては、もはや「自力の作法」にもとづいて行使される「実力」や、躊躇なく鉄火を握る勇気などではなく、証拠としての文書の作成と保全こそが、個人にとっても共同体にとっても、その利益を保護するうえで死活的に重要なものとなっていったのである。

自力救済から神判へ、そして世俗公権力による公権的裁判への展開という点で、西洋と日本との間に種々の類似点が存在していることはじつに興味深いものがある。

民衆の力量

ところで、公権的平和というものは、もちろんひとつの制度にほかならないが、これまでみてきたことからも明らかなように、それが可能となるには、ある社会的な水準というものが不可欠だったのである。実力行使を最終的に放棄させるためには、世俗公権力が安定的なものでなければならなかったし、またその裁許が人々にとって納得のいくものでなければならなかった。また真実の証明が、神によらずになされることも必要であった。「書かれたもの」を受け入れる心性の変容は、その上でも重要なものであった。

このような、公権的平和の基盤となる「社会的な水準」のなかで、本書が注目してみたいと思うのは、訴訟にかかわってなされる民衆自身の力量というものである。公権的裁判が制度化されたとしても、そのような制度に依拠して実際に訴訟に参画をする力量が人々のなかに形成されていなければ、公権的平和も達成されることはないであろう。実力行使の世界から公権的平和形成へと転換していく時代のなかで、訴訟を遂行していく主体の苦闘にみちた歴史こそが、問われなければならないであろう。それは、公権的平和を実質的に担っていった民衆の主体形成のありようについての問いということができるだろう。
読み書き計算などのような、基礎的な能力が、社会の中に一定の密度で分布していることは、このような民衆の主体形成と関連して重要であったと思われる。また、情報を収集し的確な情勢判断をおこなうことも、訴訟にとっては不可欠であったはずである。公権的平和は、治者の一方的な施策だけで可能となるものではなく、被治者たる民衆の力量に依拠しなければ安定的に維持することはできなかったはずである。

このような力量を身につけた民衆は、もはや「もの言わぬ民」などではなく、武士に対してさえ強情に「もの言う」百姓たちであった。渡辺尚志は、その著書『武士に「もの言う」百姓たち』において、時代劇などに描かれる「悲惨な民」とは異なって、近世の百姓は、自らの利益のために積極的に訴訟を起こし、武士に対しても堂々と自己主張する存在であったとして、松代《まつしろ》藩《はん》真田《さなだ》家《け》領内で起こった訴訟のなかに、その姿を描きだしている。渡辺は、村や地域における自治の発展、生産力の上昇による民富の蓄積、寺子屋の普及による文化水準の向上などによって、百姓が武士に対しても「もの申す」存在へとなっていったとしている。江戸時代は、「訴訟知」を身につけた民衆が頻繁に訴訟を起こす「健訴社会」であったと結論づけている。

ここでも、民の有する実力のひとつとして、寺子屋の普及やそれがもたらす文化水準の向上が位置づけられていることは興味深い。

目安往来物というもの

本書においては、筆者が「目安往来物《めやすおうらいもの》」と呼んでいる、一連の往来物について取り上げてみたいと思う。これは、一七世紀前半におこなわれた百姓一揆《ひゃくしょういっき》や地域間紛争において作成された訴状が読み書きのための教科書になっているという事例である。ここで「目安」とは、箇条書きされた訴状のことであり、「往来物」とは、近代以前の日本において学ばれていた読み書き学習用のテキストブックのことである。両者が結合したものが「目安往来物」である。これまで六種類の目安往来物が発見されているが、このなかには違法な百姓一揆にかかわる目安も含まれている。百姓一揆の訴状が教育に使われているなどということは、禁圧的な江戸時代という一般的なイメージからすれば考えにくいことであるが、実際には、多数の目安往来物が流布していたのである。またこれは、ヨーロッパにおける神判の消滅が「書かれたもの」の権威の増大と一体的であったことを念頭においてみると興味深いものがある。目安往来物は、訴訟と文字の普及の両方に関わるものだったからである。

本書において述べるように、目安往来物は、東北地方と越後《えちご》、および信州《しんしゅう》の一部地域にまで分布している。地域で独自に編纂され、出版によらず筆写のみによって普及した往来物としては、これはかなりの規模であるといってよい。また、遅くとも一七世紀後半には往来物として確立していることが確認され、明治期にいたるまで使用され続けたものでもあった。長期にわたって、その生命力を維持していたのである。

しかしながら、目安往来物となったのは、いずれも一七世紀の事件において作成された目安のみであり、一定の範囲で収束していったということも、目安往来物の特質であった。本書の最後に、この点についても考察してみたい。

目安往来物とはなにか

往来物とはなにか

目安往来物《めやすおうらいもの》とはいかなるものであるのか。そのことを示すために、そもそも「往来物」とはなんであるのかについて、まずは説明しておきたいと思う。

奇妙な名前の書籍

「往来物」というのは、一般に、近代以前の日本において読み書き学習のために使われた教科書であると説明されている。しかし、なぜそれは「往来物」とよばれているのだろうか。今日の私たちからみれば、きわめて奇妙な名前であると思われる。

じつは「往来物」の「往来」とは、手紙の往来のことを指している。「物」というのは、ジャンルという意味である。いまでも「地物」などのような使われ方がされている。「世話物」「人情物」など、物語や書籍のジャンルを示すものとして、江戸時代にはしばしば使われていた言葉であった。つまり「往来物」とは、初学者向けに手紙の書き方を教えるために編まれた書籍のことであり、そのような書籍群がひとつのジャンルとして確立して、「往来物」と呼ばれるようになったものなのである。

読み書きの手本という意味で、「往来物」は、確かに今日の国語教科書と類似しているかもしれない。しかし大きく異なる点もあった。そもそもの出発点が手紙文例集であり、近世以前の往来物（「古往来」と呼ばれる）のほとんどは、もっぱら手紙文例だけで編纂されていたのである。今日では、手紙文例などという教材は、国語教科書にさえも、ほとんど載っていないといってよいだろう。強いて類似品を探すとすれば、むしろ、いまどの本屋にも必ず置かれている『手紙の書き方』のような書籍に近いということができるだろう。

以上のように、往来物は現在の教科書とは大きく異なるものであったのだが、読み書きのためのテキストブックであったという点では、もちろん共通性もある。近世以後になると、手紙文例という形式は維持しつつも、地理や歴史をはじめとする種々の知識を教えるための往来物が多数編纂されるようになっていった。少しずつではあったが、今日の教科書とも類似した性格を備えるようになっていったのである。そのようなことから、「往来物」とは「近代以前の日本において使われていた教科書」といった説明がなされることとなったのである。

八〇〇年の歴史

最も古い往来物のひとつとされているのは、「明衡往来《めいごう》」である。『往来物解題辞典』解題編（石川松太郎監修・小泉吉永編著）によれば、「明衡往来」とは、藤原明衡《ふじわらのあきひら》の作と伝えられる往来物であり、平安後期に成立したものとみられている。その正確な成立年代は、もちろん不明であるが、康治元年（一一四二）の写本が知られており、遅くとも一二世紀には成立していることがわかっている。内容は、平安貴族などの間で取り交わす手紙の文例である。以後、近代的な教科書が完全に取って代わるまでの間、数千種類にものぼる往来物が編纂されてきたのである。

近代的な教科書が往来物に取って代わるといったが、これもそう簡単なものではなかった。往来物の最盛期は、じつは明治初期であった。近代的な学校制度が導入され、各地に学校が設置されていくが、教科書や教授法のようなものは、すぐに転換できるものではなかった。近世以来の往来物を使用するか、あるいは往来物の形式で新しい教科書を編纂するなどのことによって、当面は対応していたのである。他方、学校が整備されていくので、学習者の数は急激に増大していくことになる。この結果、明治初期には大量の教材が必要となり、往来物がこの需要に応えるものとなったのである。

その後、次第に現在の私たちが使用しているような教科書が作られるようになっていくが、往来物もねばり強くその命脈をとどめていた。『〈習字速成〉楷書百字文《かいしよひやくじもん》』という往来物は、大正九年（一九二〇）に刊行されたものであり、この時期にも、往来物がなお編纂され続けていたことがわかるのである（『往来物解題辞典』解題編）。「明衡往来」が成立して、じつに八〇〇年にもわたり、往来物が生き続けたのである。手紙文例という教科書の形式がこれほど長く継続し、かつこれほど多種多様な教材が編纂されたというのも、世界の教科書の歴史において稀有《けう》なことであったと思われる。このこと自体、きわめて興味深い問題であるといえよう。本書において取り上げる目安往来物も、このような多種多様な往来物のひとつであった。

目安往来物

目安往来物《めやすおうらいもの》は、すでに述べたように百姓一揆《ひゃくしょういっき》や地域間争論において作成され、また提出されたとされる訴状が往来物となったものである。往来物については、石川謙や石川松太郎をはじめとする長い研究の歴史があるが、最近まで、目安往来物のようなものが存在していることは認識されていなかった。それだけ目安往来物が、往来物の歴史においても異色の存在であったということである。半面これは、往来物というものがきわめて多様性に富むものであることをも示している。もしかすると、各地域には、往来物と認識されないまま埋もれている多くの資料が存在しているかもしれないのである。

異色の往来物

現在では、本書において紹介する一群の目安往来物も、往来物として認められるにいたっている。往来物の書誌を網羅したものとしては、すでに引用している『往来物解題辞典』解題編がある。同書は、今日まで遺されてきたほぼ全種の往来物に解題を施したものとされており、長年にわたる往来物史研究の集大成ともいうべきものである。このなかに、「白岩状《しらいわじょう》」（「白岩目安」）と「小国《おぐに》目安」が掲載されている。いずれも目安往来物である。いま、『往来物解題辞典』解題編における記述を紹介すれば、以下のような内容となっている。

まずは、「白岩状」についての記述を示してみよう。

白岩状　【作者】不明。【年代】延宝四年（一六七六）書。【分類】社会科。【概要】異称『御目安』『出羽国村山郡白岩郷八千石之惣百姓乍恐奉捧御目安事』。大本一冊。江戸後期には概ね『白岩状』と称されるようになった特異な往来で、寛永一〇年（一六三三）に羽前白岩郷（山形県西川町と寒河江市の一部）で起こった百姓一揆に際して、幕府へ提出された訴状を手習い手本としたもの。最上家改易の後に同地方に入部してきた酒井長門守忠重の過酷な支配を二三カ条にわたって告発する。本往来は種々の形態で東北地方に広く流布しており、その数は現在確認されるものだけで四〇本にも及び、半数近くに学習の痕跡が認められることから、基本的には読み書き教材として普及したものと思われる。なお、延宝四年写本（小泉本）は本文を大字・六行・無訓で記す。〔石島〕【所蔵】小泉・山形教育ほか。

続いて「小国目安」である。

小国目安　【作者】不明。【年代】宝暦一三年（一七六三）書。【分類】社会科。【概要】異称『小国百姓共御訴詔（訟）申上候事』。特大本一冊。寛文五年（一六六五）三月、山形県西置賜郡小国地方で起こった一揆の訴状を御家流の手本に認めたもの。本来二五カ条から成るが、手習い用のためか若干簡略化している（『小国町史』により原文に近い訴文を載せる）。宝暦一三年写本は、「一、小国役人衆手当しかと無御座付而、百姓困窮仕候事……」で始まる本文を大字・五行・無訓で記す。〔石島〕【所蔵】舟山家（小国町）。【影印・翻刻】「小国町史」（小国町史編集委員会編、一九六六）。

少し解説をしておこう。記述のうち、【年代】とあるのは、流布している諸本のうち同書刊行時点で最古のものと確認されている本の筆写年代である。【分類】は、石川謙による往来物分類に準じたものである。凡例によれば「社会科」とは「社会生活に必要な知識・教養・趣味に関する往来」との説明がされている。目安往来物は、訴状のひな型文書とみなされているのであろう、社会生活に必要な知識を記した教材として分類されているのである。末尾近くに〔石島〕とあるのは、この項目の著者が石島庸男であることを示している。石島は、山形大学教育学部で長く教鞭を取った教育史研究者である。往来物の歴史について造詣が深い。【所蔵】には、流布している各本の所蔵先が示されている。「小泉」は小泉吉永の所蔵、「山形教育」とは、山形県立博物館教育資料館の所蔵であることを指している。

以上のように、『往来物解題辞典』解題編に掲載されたということは、往来物研究者によって、これらの資料が往来物であると認定されたことを意味している。長い歴史を有する往来物史研究においても、一揆訴状の目安が往来物として認められたのは、これが初めてのことであった。

筆者は、このふたつの往来物を含め、これまで六種類の目安が往来物となっていることを確認している。百姓一揆にかかわるものだけでなく、地域間における大規模な争論において作成・提出された訴状のなかにも、往来物となっている事例がみられるのである。また、これらの往来物が成立・普及した地域も、広域的な範囲に及んでいる。これらの一群の往来物を、筆者は「目安往来物」と呼ぶこととしている。目安往来物は、確かに異色の往来物であったが、しかし、単発的なものに終わらない、ある種の生命力を有していたのである。

目安往来物の概要

これまで筆者が往来物であると確認しえた目安は、表1のとおりである。六種類の目安往来物がある。このほかにも、往来物ではないかと思われる事例がないわけではないが、現時点で、往来物であることが確実視されるものを載せてある。

名称は、筆者が付したものであり、この通りの題名を有するものもあるが、そうでないものもある。「○○目安」とする題名を有する写本が存在しているのは、このうち「白岩目安」「白峯銀山目安《しらぶぎんざん》」「羽倉目安《はくら》」「松川目安状《まつかわ》」「新潟目安」の五種類である。「松川目安状」は、末尾に「状」が付いていて、他とやや異なるが、地名を冠して「○○目安」とする題名には、高い共通性がみられる。そこでこれらの名称を便宜的に「○○目安」と呼ぶこととしたものである。

表1のうち、整理番号1番、3番、5番は百姓一揆の訴状である。このうち1番の白岩目安は、寛永一〇年（一六三三）の白岩一揆において作成され幕府に提出されたと考えられる目安である。一連の目安往来物のなかで最初に往来物となった事例である。これにつ

表1　目安往来物一覧

番号	名　称	提出年(西暦)	差出人	宛所	内　容	種類
1	白岩目安	寛永10(1633)	白岩郷惣百姓	幕府	酒井長門守忠重の非法を訴える	一揆
2	白峯銀山目安	寛永19(1642)	奥州伊南伊北七カ村	幕府	上田銀山の帰属をめぐる争論	争論
3	小国目安	寛文5(1665)	小国百姓共	米沢藩	代官笹生久兵衛等の非法を訴える	一揆
4	羽倉目安	寛文12(1672)	越後妻有庄羽倉村	幕府	羽倉村森村境界をめぐる争論	争論
5	松川目安	延宝5(1676)	松川村百姓	仙台藩	給人猪苗代長門の非法を訴える	一揆
6	新潟目安	元禄10(1697)	越後蒲原郡新潟町	幕府	信濃川中州の帰属をめぐる争論	争論

名称は筆者が付した総称である．２番，４番，６番には，相手方からの返答書を含む．

いては、のちに詳しく取り上げることとしよう。

3番は、出羽国置賜郡小国郷《でわのくにおきたまぐんおぐにごう》（山形県西置賜郡小国町）の百姓らが、米沢藩代官の非法を訴え、その排斥を求めた目安である。白岩郷からは現在の道のりでも八〇キロ離れた地域で起こった一揆であったが、白岩郷と同じく出羽国における出来事であった。

5番は、延宝三年（一六七五）から同五年にかけ、陸奥国磐井郡東山《むつのくにいわいぐんひがしやま》のうち松川村（岩手県一関市東山町松川）で起こった一揆における目安である。仙台藩の給人《きゅうにん》（当該地域を支配した武士）の排斥と、伊達家《だてけ》直轄化を求めた一揆であった。目安は「松川状」「松川目安状」などと称され、松川村周辺に流布したものである。白岩郷からは遠く離れているが、「白岩状」とも称した白岩目安と類似した名称を有し、明らかにその影響をうかがわせている事例である。

以上に対して、2番、4番、6番は、地域間における境界紛争にかかわる訴状である。2番は、越後国八海山《えちごのくにはつかいさん》域の上田銀山《うえだぎんざん》（新潟県北魚沼郡湯之谷村奥只見湖《きたうおぬまぐんゆのたにむらおくただみこ》中に水没）の帰属をめぐる争論において提出された目安である。越後と会津にまたがる争論であったことから「会越国境争論」とも呼ばれている。

4番は、越後国魚沼郡羽倉村（新潟県中魚沼郡津南町寺石）と信濃国水内郡森村《しなののくにみのちぐんもりむら》（長野県

下水内郡栄村）の間で起こった争論において提出された目安である。信州と越後にまたがる争論であったことから「信越国境争論」とも呼ばれている。

6番は、信濃川中州の帰属をめぐる新潟町と沼垂町《ぬったりまち》（いずれも新潟県新潟市）の争論において提出された目安である。

表をみてすぐに気がつくことは、これらがいずれも一七世紀に起こった事件において成立した訴状であったという点である。とくに1番の白岩目安と2番の白峯銀山目安は、一七世紀前半の事件にかかわるものであり、この時期には、徳川幕府が成立してまだそれほどの時間を経過しておらず、幕府訴訟制度も確立過程にあったといってよい。つまり、目安往来物は、徳川時代の体制が確立していく時期に起こった事件と深く関係しているということである。

発想の転換

筆者が、目安往来物の発端となった白岩目安を調査しはじめたころ、発見される写本は、幕末期あるいは明治期のものばかりであった。次章で紹介するように、白岩目安は、三〇名をこえる処刑者を出した、きわめて違法性の高い百姓一揆にかかわるものであったから、このような、いわば反体制的なものが教科書として使用されているということは、民衆の政治批判の高まりを示すものであり、徳川幕藩制という政治体制が、このような民衆の政治批判を抑えきれなくなった証拠であると考えていた。つまり、幕藩制の崩壊過程にかかわる資料であろうと考えていたのである。

また、白岩目安の発端となった白岩一揆の犠牲者については、口頭による伝承が長期にわたっておこなわれてきたと考えられてきた。このような伝承は「義民伝承《ぎみんでんしょう》」と呼ばれている。白岩目安を往来物として使用するということは、文字を介して事件について学ぶということであるから、口頭による伝承に比べればはるかに進んだものということができるだろう。したがって白岩目安は、長く口承によって伝えられてきたものが、ついに文字によって教育されるものへと進化を遂げたものではないかと考えたのであった。

要するに、白岩目安とは、徳川幕藩制が次第に解体していく時期に、民衆の間に政治批判の機運が高まり、それまで口承にすぎなかった一揆犠牲者の伝承が文字による教育へと成長したものだったのではないかと考えていたということである。

ところが、その後目安が往来物となっている事例が次々と発見され、それを一覧表にしてみると、先に指摘したようにすべて一七世紀のものばかりであることに気がついたのである。また、実際に流布している白岩目安の収集が進んでいくにしたがって、筆写された年代は幕末期だけではないことも明らかになっていった。一七世紀後半にはすでに写本が遠隔地に流布しており、また同じ時期に、すでに往来物となっていることなどもわかってきたのであった。幕末期どころか、むしろ幕藩制前期に属する資料であることが、こうして明らかになっていったのである。

したがって、上述したような、幕藩制の危機だとか、政治批判の成熟などといったものと関係する資料であるという仮説は放棄せざるをえなくなったのである。目安往来物が次々と発見されていったとき、同じようなものがいたるところに存在しているのではないかとも考えてみた。しかしながら、このような往来物は現時点で六種類にとどまっており、その後、新しい事例は発見されていない。このことは、目安往来物というジャンルが、ある一定の時期までには展開力を失い、収束していったことを示すものと考えられる。一七世紀の事件を発端として成立し、一定の時期においてその歴史的役割とでもいうべきものを終えたのだろうと考えられるのである。このことも、目安往来物を、幕藩制の解体過程に関連させて考えることを困難なものにしていったのである。

発想を転換して、むしろ幕藩制の確立過程にかかわる資料と考えるべきではないか、目安往来物の一覧表をながめながら、筆者はそのように考えてみた。すると、じつによく目安往来物を位置づけえることがわかった。中世から近世への転換は、実力行使の世界から訴訟の世界への転換でもあった。目安往来物にかかわる事件は、すべて一七世紀に起こったものである。訴訟というものが、人々に浸透し、実力行使ではなく訴訟によって決着をつけるということが、広く社会のなかに定着していく時代でもあった。目安往来物は、このような歴史的な転換過程のなかで生み出されてきたのではないかと考えるにいたったのである。

目安往来物のなかには、中世的な一揆から、「訴」を中核にした近世的な一揆へ、自力《じりき》救済《きゅうさい》の世界から訴訟による紛争の決着へという、時代の転換が刻印されているように思われる。次章においては、それぞれの目安が成立するきっかけとなった代表的な事件の詳細についてみていきながらこのことを考えてみたいと思うが、その前に、近年発見されたひとつの特異な往来物について触れておきたい。それは、「黎民百姓御訴訟状《れいみんひやくしょうごそしょうじょう》」という名前の往来物である。

「黎民百姓御訴訟状」

「黎民百姓御訴訟状」という新種のこの往来物は、小泉吉永によって発見・収集されたものであり、その概要がホームページ「往来物倶楽部」の「新発見の往来物」に掲載されている。なお本書中にしばしば登場する小泉吉永は、長く往来物の収集と研究にあたり、その研究成果を「往来物倶楽部」というホームページに掲載している往来物研究者である。前述の『往来物解題辞典』も同氏の編著になるものである。本書においても、同氏の研究に依拠するところが少なくないことを記しておきたい。

この「黎民百姓御訴訟状」は、文禄五年（一五九六）に郡奉行《ぐんぶぎょう》に宛てられた訴状を往来物としたものであり、訴状を往来物としているという点で、目安往来物と同様の性質を有する史料ということができる。前述した一連の目安往来物よりも、さらに早い時期のものとして注目される史料となっている。これが、一連の目安往来物といかなる関係を有しているのか、あるいは有していないのかについて検討しておくことが必要であろう。

図1にみられるように、半丁に六行を大字で書いた往来物らしい体裁である。表紙見返し部分に、片仮名で「イロハ」を記し、また「八十郎」などの名前が記されている。往来物などによくみられる落書きと思われる。

この本は、この「黎民百姓御訴訟状」のほか、「義経《よしつね》之《の》含状《ふくみじょう》」「童子教《どうじきょう》」「手習学文《てならいがくもん》教訓《きょうくん》之《の》状《じょう》」「暮戦《ぼせん》之《の》状《じょう》」「西塔《さいとう》之《の》武蔵坊弁慶最後書捨一返《むさしぼうべんけいさいごのかきすていっぺん》」が所収されている。このうち「暮戦之状」は不詳であるが、その他は、いずれも著名な往来物ばかりである。したがって、「黎民百姓御訴訟状」も往来物であることが明瞭である。

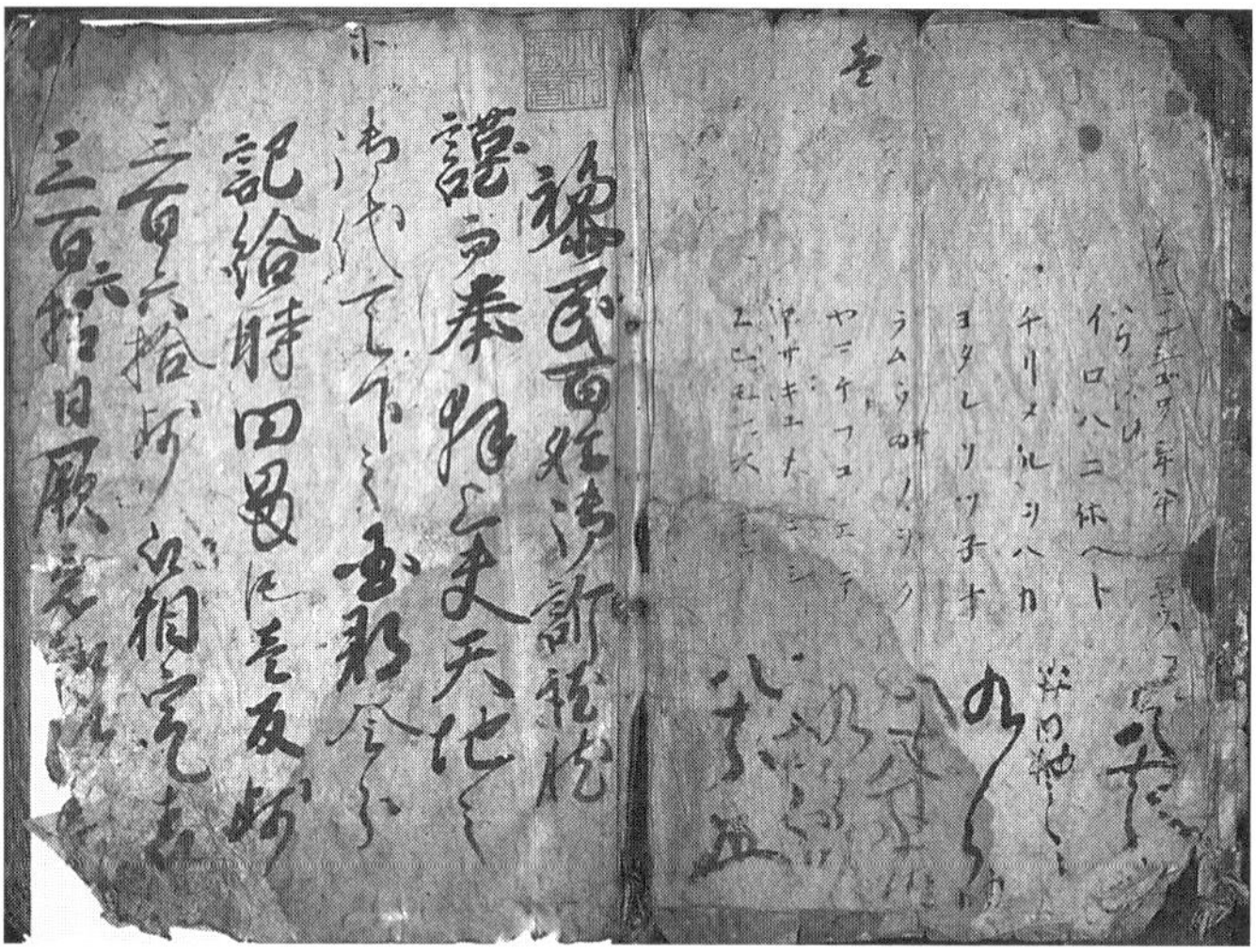

図１　「黎民百姓御訴訟状」（小泉吉永所蔵）

「黎民百姓御訴訟状」は、かつて国分けをした時には三六〇歩で一反であったのに、このたびの検地により三〇〇歩で一反となり、百姓らが大変な苦労をしているということを訴えたものである。江戸期の訴状に必ずみられる「恐れながら」という書き出しもなく、文体も典型的な候《そうろう》文体《ぶんたい》からはかなり外れている。したがって江戸期の訴状とは性格が異なるものであるが、それにしても、訴状が往来物となっている点で、目安往来物と共通しているといえよう。

末尾には、「御披露武蔵小机之内都築郡大棚之郷之住人作者勅使河原□」と記されており、この訴状の作者が、武蔵国《むさしのくに》都築郡大棚村《つづきぐんおおだなむら》（横浜市都筑区大棚町）の勅使河原《てしがわら》という人物であったことがわかる。

この勅使河原という人物については、神奈川県立文書館が所蔵する「武州《ぶしゅう》都築郡師岡《つづきぐんもろおかの》庄《しょう》小机《こづくえ》内《うち》大棚《おおだな》水帳《みずちょう》」という史料のなかに実際に見出すことができる。文禄三年の検地帳の写しである。このなかに「勅使河原分」として、比較的頻繁に名前が登場する。この水帳には、勅使河原のほか、筑後守《ちくごのかみ》、図書《ずしょ》、紀伊守《きいのかみ》、隼人《はやと》などの名前がみえ、いずれも多くの耕地を所有している。その名前からみても、これらは土豪《どごう》のような存在だったのではないかと考えられる。

以上のように、この訴状の作者として記されている勅使河原が大棚郷に実在する人物であることがわかり、当地に展開していた土豪の一人であったとみられる。また、訴状提出日となっている文禄五年の二年前に実際に検地がおこなわれていたことも確認しえることから、実際に奉行所に提出されたかどうかは不明ながら、「黎民百姓御訴訟状」は、実際に勅使河原によって作成されたものだったと考えてよさそうである。

本書の伝来は不明ながら、その使用者については、図2（右側）に示すような記載がみられる。「延宝四年辰之二月十三日　信州上田領内　小井田村九郎助（花押）」と記されている。このほかの頁にも、「寛文九年　極月廿一日　八十郎」や「寛文四年　正月廿六

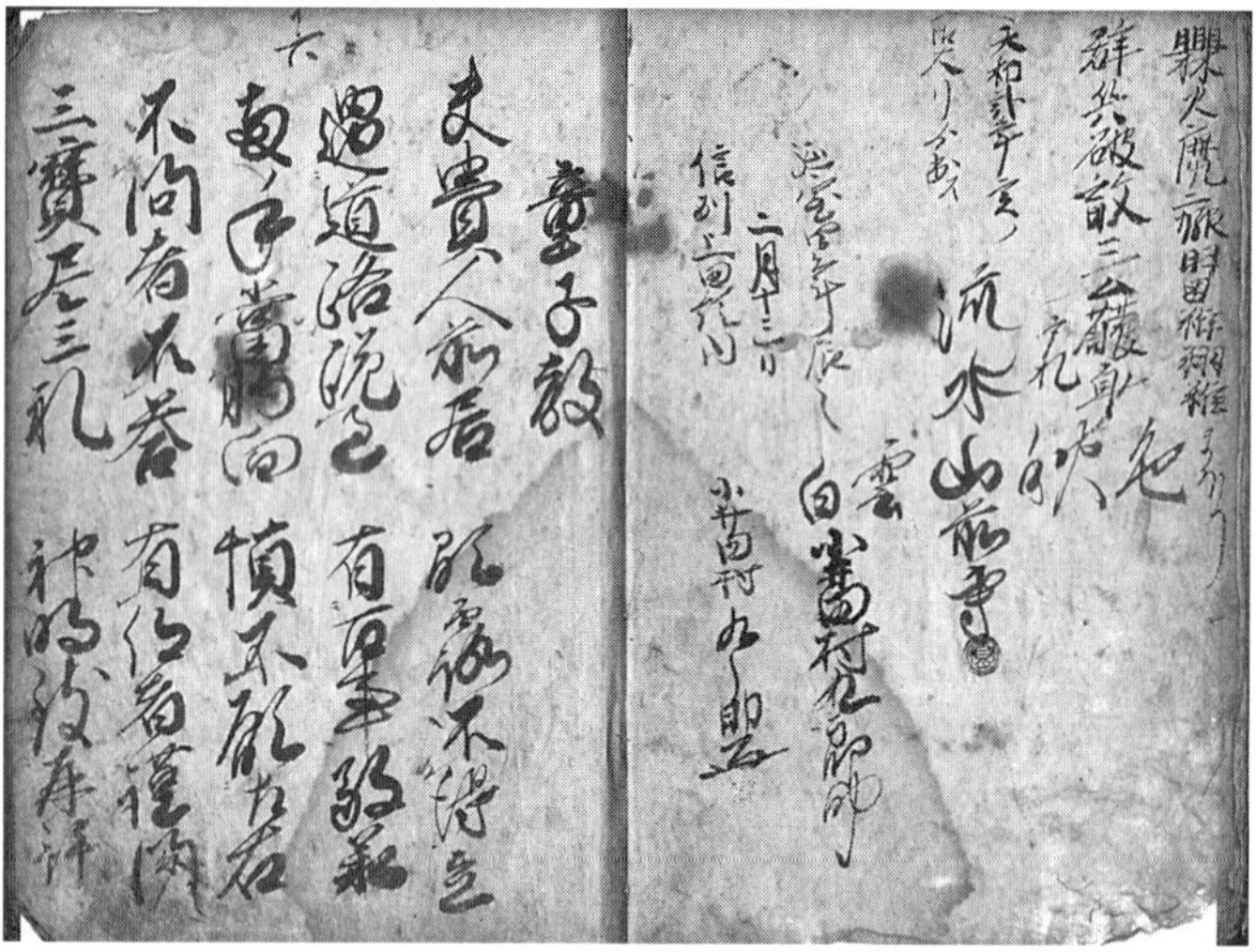

図2　「義経之含状」後の書き込み（同前所蔵）

日　小井田村　九郎助」などの記載もある。これらのことから、この往来物が、寛文四年（一六六四）から延宝四年にかけて、信濃国小県郡《ちいさがたぐん》小井田村《こいだむら》（長野県上田市）の九郎助および八十郎などが使用したものであることがわかる。

「黎民百姓御訴訟状」がいつの段階で往来物になったのか、いかなる経緯で信州まで流布したのかは不明である。しかしながら、文禄期に勅使河原という人物によって作成されたと考えられる訴状が往来物となっていることを確認しえる史料である。所蔵者の小泉がホームページ上に記しているように、白岩目安同様に訴状系往来物といえるが、江戸以前の訴状という点で注目されるものである。

目安往来物との関係

さて、この「黎民百姓御訴訟状」は、一連の目安往来物といかなる関係があるのだろうか。なんらかの関係があるとすれば、目安往来物の成立年代をさらに遡及させるものとなるかもしれない。

残念ながら、このことについて知ることのできる史料は少なく、不明とするほかないが、現時点で筆者は、一連の目安往来物と直接の関連はなく、独立した別系統の往来物だったのではないかと考えている。一連の目安往来物では、冒頭に「恐れながら」とか「申し上げ候」といった表題を有し、また一つ書によって箇条書きにされている。そもそも「目安」とは、見やすくするために箇条書きにした文書のことであり、近世にはもっぱら訴状のことをさすようになったもののことである。目安往来物は、まさにこのような形式で作成された、典型的な近世の訴状であった。

これに対して「黎民百姓御訴訟状」は、箇条書きにもされておらず、文体も一般的な江戸期の文書とは異なっているように思われる。この点で、目安往来物とはやや性格が異なる。また、訴状が作成された武州都筑郡や、その往来物を学習していた信州上田領と目安往来物との関連も現時点では見いだされていない。したがって、一連の目安往来物とは直接の接点はなかったのではないかと思われるのである。

　しかしながら、訴状を往来物にするという様式が、一連の目安往来物のほかにも存在したことを示すものとして貴重な事例といえるだろう。

寛永白岩一揆と「白岩目安」

白岩百姓たちの苦闘

目安往来物のはじまり

一連の目安往来物《めやすおうらいもの》の発端となったのは、寛永白岩一揆《かんえいしらいわいっき》において作成提出された訴状であった。この事件は、近世初頭の土豪《どごう》層による武力行使的な一揆から、訴訟を中核とした近世百姓一揆への転換の過程に位置するものであり、一揆の壮絶な結末ともあいまって、百姓らが幕府に提出した訴状は、各地に夥《おびただ》しい普及をみるのである。流布した訴状は「白岩目安」「白岩状」などと呼ばれていくようになる。これこそ、一揆訴状が往来物となった瞬間であり、やがてそれは、目安往来物として一群の往来物を形成していくこととなるのである。そこでまず、この寛永白岩一揆とはなんであったのか、そして、目安往来物はどのようにして始まったのかについてみておきたいと思う。

寛永白岩一揆

寛永一〇年（一六三三）、出羽国村山郡白岩郷《でわのくにむらやまぐんしらいわごう》（山形県西村山郡西川町および寒河江《さがえ》市などの地域）の百姓たちは、領主である酒井長門守忠重《さかいながとのかみただしげ》の非法を訴えるため、幕府への出訴に及んだ。徳川幕府が成立して、まだそれほど長い時間が経っていない時期のことであった。白岩郷から江戸まで、遠い道のりである。しかも幕府への直訴である。当時の百姓たちにとって、きわめて困難の大きい事業であったと考えられる。いったい彼らは、いかにして出訴する窓口を知りえたのだろうか。訴状は誰が作成したのであろうか。江戸への長い旅路それ自体、多額の旅費と心労をともなうものであったはずである。

彼らがいかにしてこれだけの訴訟を為しえたのか、今となってはその詳細を知ることはできないのだが、この訴訟により白岩郷の地は収公《しゅうこう》され幕領となる。酒井忠重にかわって、幕府代官である小林十郎左衛門《こばやしじゅうろうざえもん》があらたな統治者となる。領主の更迭《こうてつ》という重要な効果を訴訟はもたらしたのである。もっとも百姓らのかかえる問題はなお解決しなかったらしく、その後も騒動がつづく。会津藩の正史ともいうべき「家世実記《かせいじっき》」によれば、白岩百姓の騒動はついに「反逆同前之体」となり、とうてい代官の手に負えない状況となった。

そこで、当時山形を領していた保科《ほしな》家《け》が問題解決に乗りだすこととなる。保科家は、百姓らの願いを聞き届ける風を装って、たくみに一揆指導者らを山形に誘導し、これを捕縛すると、時をおかず三六名もの百姓を磔刑《たつけい》に処して一揆を終息させることとなったのである。

以上の一連の事件は、寛永白岩一揆と呼ばれている。三六名もの処刑というのは、近世百姓一揆の歴史においても、きわめて厳しいものであった。三六基の十字架が並ぶ光景というものを想像すると、なんとも凄まじいものがある。当時の人々の記憶にも深く残っていったものと思われる。

これほどの犠牲を出しながら、白岩郷の百姓たちが一揆を起こしたのはなぜだったのだろうか。彼らが幕府に差し出した訴状が、その理由を物語っている。そこには、領主である酒井長門守忠重の苛政《かせい》が、切々と訴えられているのである。白岩郷の百姓たちが幕府に差し出した訴状は、のちに「白岩目安」「白岩状」などと呼ばれるようになっていく。

酒井長門守忠重の苛政

白岩目安は二三か条からなる長大な訴状である。二三か条にもわたって、酒井忠重の非法を告発しているのであるが、その内容は、租税の負担増、不当な賦課、領主による百姓の不当な私用、流通統制、不当な処罰・人身支配などであり、きわめて多岐にわたっている。いま、このうちの代表的なものを紹介すれば以下のようなありさまであった。

まずは租税の負担増である。白岩領八〇〇〇石のうち、五三〇〇石を占める柳沢より下の地域については、従来から大幅な控除がなされ、実際には三一〇〇石の高として扱われてきた。ところが忠重入《にゅうほう》封以後は、これらの控除が一切認められないこととなった。これによれば、白岩領の石高《こくだか》は、五八〇〇石から、八〇〇〇石へと引き上げられたことになり、これだけでも大幅な負担増となったものと思われる。

これにくわえ年貢率も上昇した。忠重入封以前は、高一石あたり五斗五升の割合であったものが、忠重以後は六斗三升の割合となったという。これによれば、一石につき八升の増税ということになる。先にみた控除の廃止分とあわせて計算すれば、これまで三一九〇石であった年貢は、五〇四〇石にまで増大することとなる。これは、従前に比して六割ちかい増税ということになる。また、白岩領の実質的な石高が、百姓側が主張するように五八〇〇石だったとすれば、その大半が年貢として消える計算となり、これでは、百姓の生計が成り立ちえないことは明らかである。

百姓の負担増は、以上にとどまらなかった。領主による不当な私用や賦課が横行していたのである。たとえば、東光寺《とうこうじ》の屋敷について、その半分を領主側が接収して瓜《うり》や茄子《なす》などを手作りしている、残りの半分についても、保谷（善）院の寺田《じでん》としているところ、その寺に年貢等を払わせた上に、百姓に対しても年貢を課した。領主の台所や馬屋の人夫として毎日三人を徴用しているが、このほかに金四両一分銀五匁を惣百姓《そうびゃくしょう》に賦課して二重取りしている。忠重が在番のため大坂に往復したおり、その費用として一〇〇石あたり銀八〇目の賦課をおこなったにもかかわらず、このほかに人夫六人を出せと命じられた、やむを得ず百姓らが二二両を出して人夫を雇うと、このうちの四人を解雇して四人分の給金は自分のものとし、その金で安価な女房を大坂にて雇った、などなどである。

白岩目安が告発する忠重の非法のなかでも、とくに目を引くのはその人身支配のありようである。たとえば、年貢未納となった久次郎と次郎作の二人を成敗（処刑）して、家族は所払いとした、またその者たちの年貢を惣百姓にわりつける（負担させる）などのことをしている。忠重は米の値段を他領に比して二倍ほどの値段にして、百姓らに無理やり買わせているが、その代金を支払えない者の女房・子どもを牢に入れて水責めにするなどをした、このため、身を売ってこの代金を支払っているありさまである。米の値段が高いため、彦惣と久助は他領から米一斗ばかりを買ってきたが、これにより両名も成敗された。村々から、百姓の女房を乳母《うば》と称して召し上げる、またそのなかの美しい者を選んで城に長く留め置いている、迷惑であるとして断っても、ご家中の者を遣わして無理やり連れていくなどのこともしている。

これらは、白岩目安が告発する非法の一部にすぎない。このほかにも、忠重の苛政として目安に記されているものは多岐にわたっているのである。このような不法な支配であるから、忠重が入部して以後、一四五四人が身売りをし、あるいは餓死している状況である、と目安は告発している。

以上のことが事実とすれば、忠重は、時代劇などに登場するような悪領主そのものといわざるを得ないであろう。

領主苛政と「百姓成立」

領主による苛烈な人身支配を告発した訴状に、「ミミヲキリ、ハナヲソギ」という告発文で著名な、片仮名書百姓申状《もうしじょう》がある。建治元年（一二七五）一〇月二八日、紀伊国阿弖河庄上村《きいのくにあてがわのしょうかみむら》百姓らが、その地の支配者である地頭湯浅宗親《じとうゆあさむねちか》の非法を訴えた訴状である（黒田弘子『ミミヲキリ　ハナヲソギ』）。これには、過酷な租税徴収とともに、暴力的な人身支配の様子が、片仮名書きで切々と訴えられている。訴状によれば、百姓たちは、過酷な徴収に耐えかねて逃亡した者の跡地に麦を蒔《ま》けと強制され、もし麦を蒔かないのであれば、妻子を捕らえ、耳を切り鼻を削ぎ、縄を打って責め苛《さいな》むと脅迫をされているという。また地頭の配下の者らが、百姓の泊まっている宿や庵《いおり》などに武装して押しかけ、首を切ろうとして襲いかかってきたり、種々の折《せっ》檻《かん》などをおこなったりしている。百姓らは必死に逃亡し、あるいはこれらの者らに供応をするなどのことを余儀なくされているというのである。

権力者のこのような暴力的支配の被害者は、いつの時代も民衆であったが、民衆も黙って耐えていたわけではない。阿弖河庄上村の百姓たちの場合は、片仮名書きの訴状によって必死の抵抗を試みた。中世後期になると、実力行使を含む、さまざまな抵抗がおこなわれていくようになるのである。

近世社会になると、領主によるこのような恣意的暴力的支配は許されないものとなっていく。これは、一揆のような民衆の抵抗を含むあらゆる実力行使が禁止されていくことと表裏の関係として展開したものであったが、権力者による支配の在り方が、恣意的暴力的なものから法的機構的支配へと転換していくことを意味するものでもあった。幕府は慶長八年（一六〇三）の「諸国郷村掟《しょこくごうそんおきて》」において、百姓をむやみに殺すことを禁止し、また領主に非分がある場合には、領地を立ち退くことや、直訴を容認することなどを定めている。民衆の実力による抵抗を禁止するだけでなく、領主による恣意的支配もまた禁止の対象とされるにいたったのである。このような事態の出現は、単なる権力者の志向によるものではなく、民衆の多様な運動をも背景としてつくりだされたひとつの社会的水準であった（深谷克己『〈増補改訂版〉百姓一揆の歴史構造』）。

近世社会において、領主層は、「仁政《じんせい》」の実施主体たる「仁君《じんくん》」であることをもって自らの正統性を標榜するものとなっていく。領主は、つねに「御百姓」を撫育《ぶいく》し、「御救《おすくい》」によって民の生活の安定をはかる「仁君」でなければならず、民衆は、この「仁君」への貢租上納のために出精する者でなければならないと関係づけられるものとなっていったのである（深谷前掲書）。このような観念は、支配者が自らの支配を正当化するために作り出したイデオロギーにほかならないが、しかし、民衆だけでなく支配者自らの在り方を拘束するものともなっている。このような正統性観念のもとでは、恣意的暴力的な支配をおこなっていくことは容易ではなくなっていくのである。

近世社会のこのような在り方を、深谷克己は「百姓成立」と呼んでいる（深谷『百姓成立』）。このなかで深谷は、近世社会への移行を法的機構的支配へ向かう歩みであったととらえている。そのような社会においては、民衆の諸権利は、武力をともなうような共同体の防衛的能力によってではなく、「百姓」という身分そのものが、歴史のなかで政治的にも社会的にも一定の「高さ」を獲得することによって達成されるものとなっていると述べている。そしてそのような「高さ」をもたらしたものとして、戦国時代からしだいに活動力を増してきていた民衆の世界が分厚い民間社会へと成長していったことをあげているのである。

領主非法と初期義民

以上のような近世社会における歴史的展開を背景において、白岩郷の百姓たちが蒙った苦難というものをみてみると、酒井長門守忠重がおこなった治政は、まさに近世社会が禁止するところの典型的な恣意的暴力的な支配であったことがわかる。それは、確立しつつあった「仁政」観念と真っ向から対立するものでもあった。それゆえ、白岩百姓たちの告発と主張は、道理にかなったものとみなされざるをえなかったと思われる。詳細は不明ながら、百姓らの訴訟によって忠重が白岩郷の領主たる地位を失ったことは、幕府としても百姓らの訴えを無視することができなかったことを示している。

深谷は、一七世紀という時代を、「仁政」観念が確立していく一方で、このような観念に反する領主非法が依然として存在しつづけており、両者が鋭く対立する時代であったとみなしている。このために、各地に実際に存在している領主非法と百姓利害の衝突が激化し、結果的に、百姓の処刑などの犠牲が生み出されることとなった。こうして犠牲になった人々が怨霊《おんりょう》となって祟《たた》りをもたらすという伝承が、一七世紀末ごろにかけて成立してくるというのである。このような犠牲者は、のちに「義民《ぎみん》」と呼ばれていくようになるが、「仁政」観念の確立と領主非法とが交錯する状況が生み出したこれらの義民こそは、「初期義民」と呼ばれる一七世紀における義民の内実であったとするのである（深谷「義民像の源流」）。三六名もの処刑者を出した白岩一揆においても、のちに多種多様な義民の物語が形成されていくようになる。それはまさに、深谷のいう初期義民の典型的な事例ということができるだろう。

酒井長門守忠重の事情

ところで、酒井長門守忠重はなぜこのような典型的ともいうべき苛政をおこなったのであろうか。もちろん、領主個人の性格や政治姿勢とも無関係ではあるまい。しかしながら、白岩郷には、そのような領主の個人的な特性だけに帰することのできない、構造的な矛盾ともいうべき問題が存在したと考えられるのである。このことを指摘したのは、白岩地域の出身でもあり、長年にわたり「白岩義民」を追究してきた渡辺為夫であった。

渡辺は、白岩郷の表面的な生産高（石高）について、酒井長門守忠重が入部する以前から過大に見積もられる「増高《ましだか》」という操作がおこなわれており、これが忠重の支配においても継続されていたことを、各種の史料を用いて明らかにした（渡辺『寛永白岩一揆』）。これによれば、白岩郷の実質的な石高は五七〇〇石程度であったものが、八〇〇〇石にまで増高されることとなったというのである。これはいわば、自国領内の生産力を粉飾するようなものであったといってよいだろう。そしてこのような一種の粉飾は、白岩郷だけでなく、白岩郷を含む周辺地域一円においておこなわれていたものでもあったという。

このような粉飾は、なぜ横行していたのだろうか。渡辺は、その一端を示す史料として、寛文一三年（一六七三）、白岩村などの百姓惣代が、寛文検地に際して代官所に提出した訴状を紹介している。それによれば、このような増高は、酒井長門守忠重の以前に同地を所領していた備前守《びぜんのかみ》という領主が別の地方に移るに際し、移動先での知行高《ちぎょうだか》を確保する都合のためか、三割から、多いところでは六割も水増しをして検地帳をしつらえたものであるという。移動前に自身の知行高を粉飾しておけば、移動先において、実質的に所領高の増大を実現できるというわけである。このようなことが重なって、実態とかけ離れた石高が白岩郷の表面的な生産高とみなされるようになってしまったというのである。

したがって百姓らも、白岩目安において、これらのことは必ずしも忠重の非分とばかりはいえないとの留保をつけているのである。忠重にしてみれば、白岩郷八〇〇〇石を所領する領主として、これにみあった軍役を勤めなければならないのであるから、そのための収入を確保せざるを得なかったであろう。前任者の水増し分を負担しなければならなかったのであるから、忠重にしてみても、一人の被害者には違いなかった。ここに、忠重が、過酷な収奪をおこなわざるをえない事情があったのだというのが渡辺の明らかにしたことであった。

幕府への直訴

長門守忠重の苛政に事情があったとはいえ、百姓にとっては、実質的な収穫高の大半を徴収されてしまっては、生存そのものが危ぶまれる事態となる。また、そもそものような水増し自体、百姓側になんらの責任のないものである以上、このような事態はきわめて理不尽なものであった。百姓らがこれに抵抗するのは、当然のことであっただろう。

白岩目安によれば、江戸において直訴を決行する以前、白岩百姓たちは巡見使に対して訴状を提出している。巡見使とは、幕府が、諸国の実情を視察するために将軍の代替わりごとに派遣した役人であり、寛永一〇年が第一回となっている。白岩目安には、「御国廻リ分辺左京様、松田善右衛門様、大河内平十郎様が御下向なので、七度にわたって目安を提出した」と、訴状を提出した役人の名前も記されている。「徳川実紀」寛永一〇年一月六日の記事に、奥羽および松前に派遣する諸国巡見使として、分部左京光信《わけべさきょうみつのぶ》、使者大河内平十郎正勝《おおこうちへいじゅうろうまさかつ》、書院番松田善右衛門《しょいんばんまつだぜんえもん》の三名を指名したとする記載がみえ、白岩目安の内容と合致することがわかる。巡見使たちがこれにどのように対応したのかは不明であるが、この後、百姓らは江戸における訴訟に踏みきるのである。

この江戸訴訟の具体的な経過は、必ずしも明らかではないが、「徳川実紀」寛永一五年三月七日の記事に、酒井長門守忠重は、所領における訴訟により、最上《もがみ》の地八〇〇〇石を収公せられ、同地は代官小林十郎左衛門の所属となる、と記されている。忠重は、なお八〇〇〇石の稟米《りんまい》（蔵米の支給）を与えられたので、必ずしも単純に忠重敗訴というわけではなさそうであるが、ともあれ、白岩郷から忠重を排除できたことは、重要な成果であったということができよう。

白岩一揆のその後

寛永一〇年の江戸訴訟により酒井長門守忠重を排除することができた白岩百姓たちであったが、白岩郷がかかえるもっとも本質的な問題である水増し石高問題はなんら解決しなかった。このため、百姓らの不満はかえって増大していったようである。巡見使や幕府への訴訟などのようないわば順法闘争の範囲をこえ、「反逆同然」ともみられる騒動へと発展していった。この後の展開はすでに述べたとおりである。鎮圧に乗り出した保科家により、一揆の首謀者三六名が捕縛され処刑されることとなるのである。

しかしながら、増高問題の解決にむけた百姓らの取り組みは、執拗に続けられていた。寛文一三年、白岩郷を含むこの地域の幕領の検地がおこなわれた際、白岩村などの六か村代表は、かねてから問題となる増高の実態について代官所に訴状を提出している（渡辺前掲書）。このときの検地により、白岩郷における不足高が公式に認定され、その分の控除が認められ、ようやくこの問題の解決へといたる。寛文一三年検地帳の末尾に、代官松田《まつだ》清兵衛《せいべえ》の署名入りで、白岩領の本高八〇〇〇石には、二三〇〇石以上の不足があり、これを定引《じょうび》きとすることが記載されたのである（『寒河江市史編纂叢書』二九）。

多くの犠牲者を出した白岩一揆であったが、ここにひとつの決着をむかえることになる。結果的には、非分の支配をおこなった酒井長門守忠重は排除され、増高問題も解決をした。これらはすべて、度重なる百姓らの訴訟によって達成されたものであった。実力行使をともなう一揆に対する過酷な処断と、訴訟による問題解決、近世社会を特徴づけるこのふたつの動向がするどく交錯した事件、それが寛永白岩一揆だったのである。

訴の時代

一揆史における白岩一揆

白岩一揆《しらいわいっき》には、「直目安《じきめやす》」を含む近世的な百姓一揆の基本的な行動様式である訴訟と、白岩郷の幕府領への転換後に起こった暴動のふたつの側面がある。暴動の鎮圧後にも、百姓らは執拗に訴訟を展開している。この過程のなかには、実力行使を中核とした中世的な行動様式から、訴訟を中核とした近世的な行動様式への転換がみられるように思われる。

白岩郷問題の最終的な解決が、ほかならぬ訴訟によって切り開かれたことも、白岩一揆の重要な特徴であった。酒井長門守忠重《さかいながとのかみただしげ》は直目安により領主の座を追われ、「増高《ましだか》」問題も、ねばり強い訴訟によってついに解決にいたる。暴力を内包する実力行使によってではなく、訴訟によって問題が解決されるべき時代への転換が、そこには示されているのである。白岩目安が往来物として流布していったことは、このような時代の到来を象徴する出来事であったともいえよう。

以上のような白岩一揆の経過は、事実上の武力反乱ともいえる一六世紀末期に展開した一揆と比較するとき、より明確なものとなる。このような一揆は、近世的な国家体制が本格的に確立しつつある時期に、とくに周辺的な地域において展開したものである。東北地域でも、大崎《おおさき》・葛西《かさい》一揆をはじめとする多数の一揆が起こった。

天正一八年（一五九〇）、現在の宮城県北部地域を中心として、武力反乱をともなう一揆が続発した（『宮城県史』一）。その発端は大崎・葛西一揆であった。これは、豊臣秀吉の奥羽仕置《おううしおき》により改易《かいえき》（取り潰し）となった大崎氏や葛西氏が、百姓らをまきこんで武力反乱を起こしたものである。同地には、改易後の支配者として木村吉清《きむらよしきよ》が派遣されたが、土着して百姓と強い関係を有していた大崎氏・葛西氏らの旧臣は、容易に木村の支配に服することなく、抵抗をつづけていた。伊達政宗《だてまさむね》の家臣、伊達成実《しげざね》が記した「成実記《じようじつき》」によれば、木村配下の支配はひどいものであり、侍あるいは百姓らの家に押し入って年貢米を取り立て、百姓の下女や下人などまで奪う始末であった。また娘や子どもらを自分の女房にすると言って略奪する者さえあるというありさまであった（『仙台叢書』三）。

以上のような苛斂誅求《かれんちゅうきゅう》は、白岩郷の百姓らが白岩目安で告発した内容と同様であるといえよう。新参者の支配者の入部が引き起こす、これまでの慣行を無視した統治、その結果としての容赦のない租税取り立て、女性に対する人身支配をはじめとする暴力的な支配など、両者の間には多くの共通性があった。大崎・葛西一揆の場合は、このような状況に対し、いまだ一掃されていない土豪層が中核となり、自らが土着して深い関係を有している百姓をも動員しつつ、絶望的ともいえる反乱を展開したものであった。結局これらは鎮圧され、多くの犠牲者を出して終焉するのである。

白岩一揆の場合、その主体は百姓であった。そして、一部に暴動的な要素を含みつつも、訴訟を基本にすえて、ねばり強く闘いを展開したのであった。そして懸案となっていた諸問題の多くを、訴訟によって解決したのである。実力行使から訴訟へ、一揆の戦法が大きく展開していることを、ここにみることができるのである。

一揆にあらざるもの

百姓一揆といえば、江戸時代に起こったものである、とするのが今日においても一般的なイメージではないだろうか。しかし、私たちが「百姓一揆」と呼んでいるものの多くが、当の江戸時代の人々においては、一揆とは異なるものと認識されていたということが保坂智によって指摘されてきている（保坂「百姓一揆」）。

百姓などが集団で示威行為をしつつ、代官や領主におしかけて訴訟をおこなうような行為は「強訴《ごうそ》」と呼ばれている。これらは、近世百姓一揆の典型的な形態とみなされてきたのであるが、近世史料においては、これらは必ずしも一揆とはみなされなかったのだという。訴訟を中核とするような、いわば「願意」（訴願をするという意図）のある運動は、一揆とは区別して認識されていたのである。

これに対して、当時の人々が一揆と認識したものは、典型的には、先に紹介した大崎・葛西一揆のような、近世初頭の土豪《どごう》一揆のようなものであった。これらは武力によって自らの存在を維持しようとするものであった。保坂によれば、近世史料のなかで「一揆」という用語が使われるのは一六三〇年代までであり、その後急速に使われなくなるというのである。

そして「一揆」という語がふたたび登場するのは、江戸後期における「世直し型」一揆においてであったとしている。領主への訴願が欠落するか、あるいは主要な意味づけをもっていないような運動が、ふたたび「一揆」と呼ばれるようになっていくということである。

以上によれば、当時の人々が「一揆」とイメージしていたのは、江戸時代のはじめと終わりの時代のことであり、江戸時代のもっとも中心的な時期においては、「一揆にあらざるもの」として認識されていたことになる。これは、一揆といえば江戸時代のものという現在の私たちの一般的なイメージとは大きく異なるものである。じつに興味深い指摘であるといえよう。

保坂によれば、江戸中期の運動が、「一揆にあらざるもの」とされるもっとも大きな理由は、それらが訴願を中心とした運動であったということである。訴願を中核とするこのような社会運動の在り方は、問題の解決が、武力をはじめとする実力の行使によってではなく、訴訟によってなされるものだとする社会通念が、ある程度確立していなくては成り立ちえないものであっただろう。そしてそのような社会通念が成立するためには、公権力が問題を解決しなくてはならず、また訴訟によって、一定程度は問題が解決するかもしれないという期待がなければならなかったはずである。その意味では、公権力に対する一定の信頼が、この時期には存在したと解釈することもできるだろう。深谷克己がいう「百姓成立」という観念は、このような公権力の在り方を表したものだということができるかもしれない。

公権力の正統性ともいうべき、以上のような社会通念が依然として未確立である場合には、「願意」を有しないような武力発動もありえたであろう。近世初頭の土豪による一揆などは、このようなものであったということができるだろう。また、幕藩制国家が、「百姓成立」を実質的に保障できなくなっていけば、やはりこのような社会通念も動揺を来たすこととなるだろう。訴願を内包しないような世直し型一揆を、人々が再び「一揆」と呼ぶようになっていくのは、このような過程においてであったと考えられるのである。

「悪党」の時代へ

民衆の社会運動が、訴願を中核とするようになっていった江戸中期を「訴の時代」と呼ぶとすれば、一九世紀以後の日本は、次第に「訴の時代」が破れていった時代であるということもできるだろう。「訴の時代」を支えていた公権力の正統性に対する社会通念が動揺し、もはや、公権力への訴願などによっては、自らの存立を保全できないと思う人々が次第に現れはじめていったのである。須田努は、このような人々の在り方を「悪党」として把握している（須田『「悪党」の一九世紀』）。

「訴の時代」には、領主層と百姓のあいだに一定の合意があり、それが近世百姓一揆の作法とでもいうべきものを生み出していた。すなわち訴願を中核として、武器は携行せず、略奪や放火を禁じるなどの規律を有しているといった作法である。百姓一揆についての歴史資料を集大成したものとして『編年百姓一揆史料集成』（全一九巻）がある。これを分析した須田によれば、幕藩領主により非合法とされた徒党《ととう》・強訴・逃散《ちようさん》は一四三〇件であったというが、このうち一揆勢が武器を携行しあるいは使用した事例は一五件にすぎないという。同様に家屋への放火をおこなった事例は一五件であった。ここには、一揆勢の内部規律がきわめて厳格なものであったことがあらわれている。

しかし同時に、この分析結果は、武器の携行や放火などが次第におこなわれるようになっていったことを示すものでもある。須田によれば、武器携行・使用が認められるもののうち一四件は、一九世紀のものであった。同様に、放火は一二件が一九世紀のものである。したがって、武器の携行・使用や放火などが史料上に確認されるのは、その大半が一九世紀以後のことだったのである。これらのことから、一九世紀には、民衆運動のなかにあった作法が次第に崩れはじめ、それまでの行動原理から逸脱する新たな行動様式が現れはじめたことがわかるのである。

このような行動の担い手は、「悪党」などと呼ばれるようになっていく。公権力への訴願の意図もとくになく、略奪や放火なども辞さないこれらの「悪党」を、当時の人々が、これまでの百姓一揆とはまったく異なるものとして恐れていたことがよく示されている。このような「悪党」に対しては、公権力も、それまでの百姓一揆ではありえないような対応を取るようになっていく。「悪党」鎮圧のために、鉄砲をはじめとする武器の使用が許可されていくのである。このような武力の行使は、公権力のみならず、農兵をはじめとした村共同体にも許可されることとなる。こうして、「悪党」をめぐって暴力が応酬する状況が、近世末期のこの国に出現するのである。須田はこれを「万人の戦争状態」と呼んでいる。それは、近世的「訴の時代」の終焉を物語るものであったということができるだろう。

「白岩目安」の流布

寛永白岩一揆《かんえいしらいわいっき》は結果的に三六名もの処刑者を出して終わった。したがってその違法性は、きわめて強いものであったといわなければならないであろう。「白岩目安《めやす》」は、その一揆に際して提出された直訴状である。このように考えれば、白岩目安も、きわめて違法性の強い文書のようにも思われる。ところが、現在の山形県を中心として、夥《おびただ》しい数の白岩目安が発見されている。山形県のみならず、福島県、秋田県、岩手県にまで、それは流布しているのである（流布の詳細については「目安往来物の成立と普及」の章を参照のこと）。もちろんすべて筆写本であり、手書きで写されたものである。

夥しい「白岩目安」

近世社会において、筆写本の流布は、書物や文献の普及のひとつの重要な形態であった。各地に、じつにさまざまの筆写された書籍が残されている。しかしながら、一七世紀前半の事件についての文書が、世紀末までに各地に流布しているという白岩目安のような事例は、かなり稀有《けう》なものであったのではないだろうか。それだけ、白岩一揆という事件が当時の人々にとって衝撃的なものだったということであろう。また、白岩目安に切々と綴られる白岩百姓たちの告発が、人々にとって興味深いものとして受けとめられたということでもあろう。

それにしても、その後、白岩目安は営々として明治期まで書き継がれていく。いったい、なにがこれほどの普及力をもたらしたのであろうか。白岩目安の存在は、山形県の地域史研究者たちの間でも、よく知られたものとなっている。『山形県史』をはじめとする自治体史に掲載されている白岩目安も少なくない。地元の研究者のあいだでは、白岩目安の流布は、白岩一揆に関する義民伝承《ぎみんでんしょう》とむすびつけて理解されてきたといってよいだろう。「白岩義民」に関する伝承の一環として、義民たちが提出した直訴状が流布したとするものである。白岩一揆の衝撃的な結末と、リアリティあふれる筆致で百姓らの苦難を記した白岩目安の内容を考えれば、確かに、白岩目安は義民伝承の素材としてきわめて強力なものであったと考えられる。白岩目安流布の本質を考えるためには、義民伝承としての側面を検討することが必要であろう。

「義民」とは

ところで、ここでいう「義民」とはどのようなものなのだろうか。白岩目安と義民伝承の関係について検討する前提として、そもそも義民、および義民伝承とはいかなるものなのかについて、みておくこととしよう。

『日本国語大辞典』によれば、「義民」とは、「正義のために自分の命をかけて尽くす人民」のことであり、「また、特に近世、百姓のために一命をなげうって権力と闘った人をいう」とある。要するに、百姓一揆などで主導的な役割を果たし、それゆえに処刑されるなどして非業の死を遂げたと伝えられる人々こそが、「義民」と呼ばれる者たちであった。

長年にわたり義民史研究にとりくんできた保坂智は、全国の義民一覧を作成している（保坂編『近世義民年表』）。これには、義民を生み出した一揆などの事件、五七二件がリストアップされている。これらの事件に関与した義民の数はおよそ二〇〇〇人にもなるという。義民が確認されていないのは、北海道・鹿児島県・沖縄県の一道二県のみであるというから、義民の存在が、近世社会におけるイメージとしていかに普及しているものであるかが理解されよう。試しに、自分の県の義民についてインターネットなどで検索してみれば、案外、自分の身近にも義民の存在を確認することができるかもしれない。

この義民についての物語が、「義民伝承」あるいは「義民物語」といわれるものであるが、いまその典型的な一例を示せば、以下のようなものである。まずは代官などの苛政《かせい》に苦しむ人々がいる。苦難がもはや我慢の限界をこえるころ、人々はついに一揆に立ち上がる。大挙した農民たちが、苛政を弾劾しあるいは年貢減免などを叫びながら城下へと迫るのである。そのとき、一人の男が集団の前に立ちふさがる。村の名主である。このままでは一揆・徒党とみなされ厳罰は避けられない。自分が代表して領主、場合によっては幕府などに直訴をするから、それまで自重するように、男は諄々《じゅんじゅん》として説く（一揆勢に待ったをかける義民像については、保坂「百姓一揆―その虚像と実像―」）。人々はやむをえずそれを容れ、ひとまずは自重することとする。名主は、やがて種々の苦心・工夫をこらして直訴に成功する。訴えは認められ、苛政は取り除かれる。しかし名主は直訴の責めを負い死罪となる。その処刑が執行される日、事実経過を知った領主が訴人を赦免《しゃめん》するように命ずる。急ぎ馬を飛ばして赦免使が刑場に到着するまさにその直前、刑は執行されるばかりとなっている。赦免使は刑をやめさせようとして、馬上から笠や扇などを激しく打ち振る。しかし刑場では、それを早く刑を執行せよという合図であると勘違いして刑が執行されてしまう。哀れ、名主は刑場の露と消える。こうして義民が誕生するわけである。これは、「赦免使遅延型義民」と呼ばれるものであり（保坂『百姓一揆と義民の研究』）、義民物語のなかでも定番といってよい筋書きのひとつである。いわゆる泣かせる場面であり、似たようなストーリーが、さまざまな義民伝承に登場するのである。

かつて、これらの義民に関する物語は、実際に起こった出来事に関する口頭伝承という意味で「義民伝承」と呼ばれていた。保坂をはじめとする近年の義民史研究により、このような義民像は大幅に修正されつつある。実際に起こった事件についての伝承というだけではなく、物語として創作された部分が少なくないととらえられるようになってきたのである。その意味で、「義民伝承」と区別して「義民物語」と呼ばれる場合もある。義民が関与したとされる事件のみならず、義民の存在そのものが創作の所産である場合さえもある。事実としての義民史だけでなく、義民の物語が創造されていく過程それ自体にも、研究の焦点があてられるようになってきたのである。本書では、創作的な「義民物語」を含む、義民について語られる文字・非文字両方における伝承全般を、単に義民伝承と呼んでおくこととしたい。

義民伝承の形成

保坂によれば、これほど多数の義民伝承が現在にまで伝えられることとなった背景として、全国の義民のなかでももっとも著名な佐倉惣五郎《さくらそうごろう》物語が歌舞伎演目として大ヒットするという出来事があった（保坂前掲書）。佐倉惣五郎物語とは、下総国印旛郡公津村《しもうさのくにいんばぐんこうづむら》名主であった木内惣五郎が、承応二年（一六五三）、領主堀田正信《ほったまさのぶ》の苛政を訴え、将軍に直訴したとする物語である。訴えの一部は容れられるものの、惣五郎は磔《はりつけ》の刑となってしまうのだが、惣五郎の祟《たた》りがさまざまに現れ領主を苦しめることとなり、のちに、堀田氏も改易《かいえき》となってしまうというものである。

惣五郎に関連する伝承は一八世紀から存在したとみられているが、これが全国的に知られるきっかけとなったのは、嘉永四年（一八五一）に江戸で「東山桜荘子《ひがしやまさくらそうし》」が上演され、大ヒットを得たことであった。保坂によれば、「藤岡屋日記《ふじおかやにっき》」に、講釈師たちがこの上演の成功に刺激されて、惣五郎物語を義民伝として演じるようになったと記されている。これが、非業《ひごう》の死をとげた一揆指導者を「義民」と呼んだ、確認しえる最初の例であるという（保坂「義民誕生の時期と条件」）。佐倉義民伝の大ヒットは、各地の義民顕彰に影響を与え、定型化されたストーリーを有する物語として全国的に普及していくこととなるのである。

佐倉義民伝に影響を受けながら、義民伝承が、ひとつのまとまりのある物語としてさらに発展していったのは、明治中期ごろであっただろうと保坂は考えている（保坂編『近世義民年表』）。その際、明治一六年（一八八三）から翌年にかけて小室信介《こむろしんすけ》が著した『東洋《とうよう》民権百家伝《みんけんひゃっかでん》』こそは、義民物語の全国的な発掘の大きな契機となるものであった。自由民権運動の活動家でもあった小室は、民権家の系譜たる近世の「義人」四七名の伝記を蒐集《しゅうしゅう》しこれを顕彰したのであった。したがってこの『東洋民権百家伝』は、今日までつづく義民史研究の嚆矢《こうし》ということができるのであるが、これをひとつの範型として、各地において義民の顕彰が盛んになされるようになっていったのである。

以上のように義民伝承は、以前考えられていたように、口頭による伝承として今日にまで継承されてきたというよりも、幕末期から明治期にかけて物語の範型が確立し、それに刺激されるかたちで、虚実とりまぜた物語として急速に各地に創出されていったと考えられるようになってきたのである。

しかしそうはいっても、もちろんすべての義民伝承がこれらの影響で創作されたものだというわけではない。佐倉義民伝以前にも義民に関する多くの口伝や物語が存在していた。佐倉義民伝や『東洋民権百家伝』などは、それらにひとつの物語の範型を与え、より一層義民伝承を活性化させる触媒となったのである。したがって、さまざまな形で現在にまで継承されている義民伝承について考える場合には、伝承や物語の歴史的な形成過程を、ほかの物語の影響などをも勘案して検討することも必要となるだろう。

「白岩義民」の物語

多数の処刑者を出した白岩一揆も、のちに義民伝承を生み出していく。「白岩義民」と呼ばれる人たちである。佐倉惣五郎ほどではないが、白岩義民も著名な義民伝承のひとつであるといってよいだろう。日本観光振興協会のホームページ「全国観るなび」をみると、「白岩義民供養碑」が紹介されており、いまや観光スポットのひとつとなっている。

この白岩義民の伝承においても、明治期にひとつのまとまりのある物語が出現している。高橋文山《たかはしぶんさん》が明治三三年に著した『白巌義民』である。高橋文山は、白岩村の名主を勤める旧家であった高橋家に明治一〇年に生まれ、山形師範学校在学中に、『白巌義民』を執筆したものである（渡辺為夫『寛永白岩一揆』）。

奥付によれば、この『白巌義民』の発行者は、山形県西村山郡白岩尋常高等小学校内校友会となっている。白岩一揆と義民のことのみならず、白岩地域の歴史、酒井家《さかいけ》の系図なども載せ、全体としては白岩の地誌として書かれたもののようである。また漢詩・和歌・

俳句などの夥しい詩歌を掲載しており、校友会会員とみられる多数の人がこれに寄稿している。同書末尾には、彙報として校友会それ自体の成立過程や会員心得などについても記している。それによれば、白岩学校校友会は明治三二年二月一二日に発足したものであるという。したがってこの『白巌義民』は、白岩義民の物語を記すのみならず、発足したばかりの白岩学校校友会の刊行物として重要な位置づけを与えられたものと思われる。以上のことからみて、『白巌義民』に記された一揆と義民についての内容は、詩歌の寄稿者をはじめとして、校友会会員、あるいは白岩地域の住民に広く読まれ、深く浸透していったものと思われる。

『白巌義民』冒頭の「例言」によれば、「記事は主に我家に残りし白岩訴訟文、及ひ誓願寺義民の墓銘とにより、其他古誌断簡を集めて一編を成せり」としており、高橋家には白岩目安が所蔵されていたことがわかる。続けて「古老口碑の確拠なきものは、勉めて之を省きしも、亦我か白岩義民の史料として誤謬を伝ふるを恐れたればなり」と記しており、これによれば、古老などの間には、義民に関する口碑もあったようである。

文山が白岩義民についての伝承を最初に聞いたのは、父親の磐山からであったようだ。『白巌義民』本文中に、誓願寺《せいがんじ》の義民墓碑に言及しながら、「余幼時、厳父磐山翁の此事を語るを聞きて初めて我か郷に斯るいみじき義民等の現れしことを知りたき。余亦白岩目安状なるものを見て、悲哀慟哭、殆んど読むこと能はざるなり」と記している。

このようにして著された『白巌義民』は、寛永白岩一揆に関する最初の歴史書ともいうべきものであり、その意義はきわめて大きいものがある。と同時に、『白巌義民』は、白岩一揆に関する義民伝承の形成過程を知る上でもきわめて重要なものとなっている。同書のなかに、白岩義民の物語が詳細に記述されているからである。その部分のみは、実証的な地誌のような他の部分とは明らかに異なっており、文学作品でもあるような筆致で描かれている。いま、その一部を現代文にして紹介してみよう。

図３　誓願寺の白岩義民供養碑（誓願寺所蔵，寒河江市教育委員会提供）

元和九年、白岩領に入部した酒井長門守忠重《さかいながとのかみただしげ》は、その天性酷薄にして、残酷非道の者であった。淫乱であり、道義はなく、また欲情に倦《う》むということがない。酒食に耽り、もっぱら百姓を悩ませていたのである。あるいは婦女子を奪い、あるいは良民を害するなどのことが十余年にもわたり続いたので、その間に餓死する者一〇〇〇人にもおよんだ。このため白岩郷はとうてい立ち行きがたい状況となり、まさに騒乱が起こるばかりとなっていた。

その時、白岩義民が憤然として現れた。もとより死を覚悟する者たちであり、騒乱を収めたうえで、暴君を諫めようとしたが叶わず、白岩訴訟文を作成して、七度にわたり上訴した。しかし悪姦賊吏はこれを容れることなく、かえって百姓らを斬殺する始末である。やむを得ず幕府へ直訴することと決し、ひそかに集合したのは、一〇月の暮れのことであった。江戸に上る三八名の義民が、いまや住み慣れた故郷の地を去り、思いを万里の異郷に馳せながら、いまいちど故郷の天を眺めれば、風は粛々として水は冷たい。月影もすでに落ちて、秋はまさに暮れるばかりであった。

同じころ、白岩郷では、百姓数百人が死を覚悟の上で集合していた。長門守を亡ぼすことができるなら、わが身は死んでもかまわないという、これらの百姓らの心中を思えば哀れでならない。百姓らは村内に檄《げき》を飛ばし、八幡山《はちまんやま》に集結した。笠蓑《かさみの》を着し、蓆旗《むしろばた》を押し立て、竹槍を携えた百姓らは、三方に分かれて城を攻撃した。城中より兵が応戦するものの、もとより義兵に抗しがたく、長門守忠重も逃亡するありさまとなった。しかし長門守の首級を挙げようとする百姓らの追撃厳しく、ついに長門守も百姓の竹槍にかかりあえなく最後をむかえることとなったのである。

以上のうち、最後の長門守落命の部分は、事実と異なるまったくの創作である。しかしこれは、高橋文山が創作したものではなかったらしい。『白巌義民』には、長門守落命の記述に続いて、この説は誤りである、なぜならば長門守はこのときすでに白岩領主の座を失い配流となっていたはずであるからとして、この時に首級をあげられたのは、長門守ではなく家老であっただろう、と記しているからである。これによれば、文山が『白巌義民』を著す時点で、百姓の竹槍にかかって長門守が落命したとする口碑が存在したということになるのだが、現時点で、高橋文山の『白巌義民』以前においてこのような物語が記された文献は見出されておらず、はたして、近世期にこのような物語が口碑として存在していたのかは不明である。

物語の内容は、むしろ多分に明治的なものでもある。とくに、竹槍で武装し、蓆旗を掲げるという一揆勢の出で立ちは、百姓一揆についての明治期の典型的な描写といえる。このような出で立ちは「竹槍蓆旗《ちくそうせっき》」と呼ばれるものであり、以前は、近世百姓一揆の基本スタイルとみなされていたのであった。しかし近年の研究によって、近世の百姓が一揆においてこのような武装をするということはきわめて稀であり、むしろ異常なものであったこと、「竹槍蓆旗」という百姓一揆のイメージは、明治期において形成されたものであることなどが明らかにされてきている（保坂智編『一揆と周縁』など）。文山の『白巌義民』は、まさに明治期におけるこのような百姓一揆イメージの典型ということができるだろう。

口碑と物語

白岩義民については、前項のとおり、明治期に刊行された高橋文山の『白巌義民』において、まとまりのあるひとつの物語が完成している。今日にまでさまざまに伝承されている白岩義民の物語においても、この『白巌義民』の影響は大きいと思われる。一般に義民伝承においては、どこからどこまでが近世以来の口碑であり、どこからが書籍等の文字文化を介して創作された物語であるのかを明快に区別するのは困難なのである。白岩義民においても同様である。

近世期に、白岩義民がどのように語られていたのか、まったく不明であるが、義民のものとされる三基の墓石が建立され、今も残っている。そのうちの一基、誓願寺の墓石は、先に紹介したように、「白岩義民供養碑」として観光スポットのひとつとなっている。この誓願寺の墓石のほか、東泉寺《とうせんじ》にも二基の墓石があり、これらはいずれも白岩義民を祀ったものとされているのである。

『西川町史編集資料』一四には、これらの墓石の概要が記されている。いまそれらを紹介してみよう。まず誓願寺にある墓石は、高さ二〇二チセン、幅・奥行きが三四チセンの柱石を備え、それが、高さ一五チセン、幅七三チセン、奥行き八〇チセンの台石に据えられている。かなり大型の墓碑といってよい。背面に「干時寛永十五戊寅稔　七月廿一日　施主　白岩領八千石惣名主　惣百姓　敬白　大庄屋　和田庄左エ門」の文字が刻まれており、また柱石の側面には三八名の法名が刻印されている。

東泉寺にある墓石は、一基が高さ八〇チセン、幅四三チセン、もう一基は高さ九三・五チセン、幅五一チセンと、誓願寺のものと比べるとやや小ぶりである。いずれも丸みを帯びた自然石に近いものである。両方の墓石には、「三十三年忌　干時寛文十年七月廿一日」と刻まれている。寛文一〇年とは、一六七〇年であり、その三三年忌となれば、祀られているのは一六三八年に亡くなった者ということになる。すなわち寛永一五年である。つまりこれは、誓願寺の墓碑に刻まれる寛永十五年七月廿一日と同日ということになる。

両者の共通性はそれだけではない。東泉寺の墓石には、「月山永公」「常秀道眼」「空仮是心」という三名の法名が彫られているのだが、これと同じ法名が誓願寺の墓碑にも刻印されているのである。以上から、これら三基の墓石が、いずれも寛永一五年七月二一日になくなった人々を供養したものであることは明らかである。

寛永一五年といえば、白岩一揆の指導者らが、保科家により捕縛され処刑された年である。すでに述べたように、保科家「家世実記」によれば、三六名が山形において磔に処されている。誓願寺墓碑には三八名の法名が刻まれているが、一揆で亡くなった犠牲者二名を加えて、三八名の供養碑としたものであると考えられている。三八名もの人が同一年に亡くなり、ひとつの供養碑に祀られるという事態は、それほど日常的なものとはいえない。むしろ、きわめて異常なことというべきであろう。以上のことから、これらの墓石は、白岩一揆において犠牲となった人々の供養碑であったと考えるほうが自然であろう。

犠牲者の三三回忌として建立されたこの供養碑は、白岩郷の人々が、その事件と一揆の指導者たちのことを決して忘れていなかったことを物語っている。というよりも、忘れたくても忘れられない、ある生々しさをもって、その記憶は人々の間に共有されていたものであったとも思われる。それは、時間の経過のなかで、さまざまな変容をともないながら、種々の伝承や物語を生み出していったものと思われる。

渡辺為夫によれば、かつての白岩地域には、一揆に関連するさまざまな伝承が残されていたという（渡辺『寛永白岩一揆』）。酒井長門守忠重が、村中の盲人を城中に召し上げ、生きながら埋葬したという話や、埋葬場所からは、今なお夜半になると盲人たちの悲鳴が聞こえてくるといった話などである。あるいは、村々の妊婦たちを召し上げ、その腹部を裁ち割ったといった話もある。渡辺自身、子どもの時分には、なにかにつけ親たちから「ヒヒドノタダシゲにくれてやるぞ」とおどされ震え上がったという。

これらの伝承が、いつ成立したのかを明らかにすることはできないが、このなかには、近世以来の伝承であるものも含まれているのではないかと思われる。

伝承と「白岩目安」

以上のような、白岩一揆に関する義民伝承をみてくれば、白岩目安が長く広範囲に普及した背景として、このような伝承の力がそのひとつとしてあったことはまちがいないだろう。じつは流布している白岩目安には、まったく性質の異なる二種類の底本が存在したと考えられる。これについてはのちに詳述するが、このように複数の底本が存在するのは目安原本を作成した白岩地域以外にはなく、まずは白岩地域において目安の筆写が開始され、それが東北の各地に流布していったと考えられるのである。三三回忌の墓石が建立されているように、地域の住民は、三三年後にも、事件とその犠牲者たちのことを明確に記憶していた。したがって白岩地域では、白岩目安の筆写を含む、種々の形態の伝承がおこなわれていたと考えられるのである。このような伝承こそは、目安流布のひとつの要因であったといえよう。

白岩目安は、流布していくなかで、さらに明確に義民伝承と結び付けられていく場合もあった。高橋文山の『白巌義民』もそのひとつといえる。文山は、同書のなかで「白岩訴訟文」をもっとも重要な資料としてあげており、白岩目安を中心とした明確な義民の物語を創作している。文山は、白岩目安とそれをめぐる口碑とを取捨選択して物語のなかに取り入れているが、それらをひとつのまとまりのある物語として完成させたのは文山自身であったと思われる。

山形県舟形町伊藤家に伝わる白岩目安も、義民伝承との関係がきわめて明確な一例ということができる。同家の白岩目安は、白岩義民の遺品とされる鏡や、義民のものとされる遺髪などと一緒に保管されており、その箱は代々門外不出とされてきたというのである。これは新聞などにもとりあげられ（『朝日新聞』一九五七年五月一六日付）、大きな話題となった。これにより伊藤家は、義民の縁者ではないかとも考えられるにいたったのである。

白岩目安が義民伝承ともっとも明確に接続した事例ということができよう。

伊藤家にかかわる以上の伝承については、高橋文山の『白巌義民』の影響や、あるいは義民伝承についての関心や研究の深まりなどとの関連も考慮される必要があるだろう。むしろ、このような関心の深まりこそが、義民縁者という新しい伝承を生み出したものだったのかもしれない。その意味では、これもまた、ひとつの義民伝承であったということができるだろう。

伊藤家の白岩目安に関しては、むしろ別の文脈でとらえることも必要であると考えられる。それは、往来物《おうらいもの》として読み書き学習に使用されていたという文脈である。後述のように、伊藤家が所蔵する各種古文書と照合すると、同家の白岩目安は、往来物として江戸時代に同家の子どもによって学習されていたことが明らかである。門外不出というよりも、むしろおおっぴらに教科書として使われるものであったと考えられるのである。むしろ、このようにおおっぴらに教材として使われていたからこそ、白岩目安はこれほどまでに普及したとも考えられる。この点については、「目安往来物の成立と普及」の章で詳しく検討してみたい。

境界争論と目安往来物

銀山をめぐる争論と目安

争論の目安往来物

前章においては、一連の目安往来物《めやすおうらいもの》の発端となった「白岩目安《しらいわめやす》」についてみてきたが、目安往来物のなかには百姓一揆《ひゃくしょういっき》の訴状だけでなく、境界争論に関する目安も含まれている。一定の地域がどちらの村に帰属するのかをめぐる紛争についての訴状である。このような訴状もまた目安往来物となっているということは、目安往来物が、決して違法性の強い事件だけを対象としたものではないことを意味している。百姓一揆の訴状が教科書になっていると聞けば、今日の私たちは、非合法な地下組織がおこなった教育でもあろうかと想像してしまうところだが、土地の帰属をめぐる争論についての、いわば通常の訴状もまた目安往来物になっているのであり、非合法性ばかりに焦点があてられるべきではないだろう。一揆目安と争論目安の両者に共通しているのは、訴訟ということである。一七世紀に生きる民衆が、余儀なくして訴訟にかかわるなかで生み出された訴状が、教科書となっていったのが目安往来物だったのである。

争論目安のなかで、もっとも早く成立したのは「白峯銀山目安《しらぶぎんざん》」であった。この目安は、越後国八海山《えちごのくにはっかいさん》域に位置する上田《うえだ》銀山の帰属をめぐって起こった争論において作成されたものである。銀山という巨額の利権をめぐっておこなわれた争論だけに、紛争はきわめて激しいものとなり、二つの藩を後ろ盾として戦争の一歩手前まで状況は悪化した。しかし最終的には訴訟がすべてを決着させることとなるのである。その意味では、実力行使の世界から訴訟の世界への歴史的転換点において作成された目安であるということができるのである。

このような争論において提出された訴状が往来物となっている事例は、以下の三種類である。①銀山をめぐる越後と会津《あいづ》の争論、②越後と信州《しんしゅう》をめぐる山論《さんろん》（山の帰属をめぐる紛争）、③信濃川《しなのがわ》中州の帰属をめぐる新潟町と沼垂町《ぬったりまち》の争論。特徴的なのは、いずれも現在の新潟県に属する地域がこれに関係しているということである。このうちとくに②に関連する目安（「羽倉《はくら》目安」）は、津南町や十日町市などの新潟県内に多数流布しており、盛んに学習されたものであることがわかっている。

本章では、①と②を中心としながら、争論目安の往来物についてみておきたい。まずは銀山をめぐる争論の経緯についてみていくこととしよう。

上田銀山をめぐる争い

上田銀山《うえだぎんざん》は、現在の新潟県魚沼《うおぬま》市、只見川《ただみがわ》上流地域に存在した銀山である。ダム建設によって誕生した奥只見湖という人造湖中に、いまは水没している。銀山開発の発端は、寛永一八年（一六四一）、折立村《おりたてむら》の百姓源蔵が鉱石を発見したことである。この報告を受けた高田藩は、直ちに銀山開発に着手する。幕府に届け出ると同時に、魚沼郡各地域の大肝煎《おおきもいり》を招集し、人足の手配もおこなう。九月になると本格的な採掘が開始され、この銀山を「上田銀山」と呼称することなどが、銀山奉《ぶ》行《ぎょう》によって達せられるにいたった（『小出町歴史資料集』三）。

これに対して、会津《あいづ》領の伊南伊北《いないほう》（福島県南会津町・只見町）の百姓らが、同年一一月になり銀山に赴いて、この土地は会津領であるからすぐに人足を引き払うべきであると主張した。このような主張が容易に容れられるはずもなく、ついに会津藩が高田藩に対して書状を送達することとなる。これに力を得た会津側百姓らは、現地においてさらに強硬に銀山開発の中止を要求することになったのである。こうして、銀山をめぐる争論が発生することとなる。

合戦一歩手前

この紛争の直接の当事者は、幕府に提出された訴状によれば、会津側八か村、越後側六か村であった。しかし、実質的にはそれぞれの村々が帰属する藩同士の対立という側面もあった。近世初期の国をまたぐような境界紛争においては、むしろ百姓を表に立てた藩同士の争いとしての性格を有していたともいわれる（高木昭作『日本近世国家史の研究』）。

銀山開発という利権をめぐる、それぞれの藩を後ろ盾とした紛争であったこともあり、対立は激しいものとなった。戦争一歩手前といってもいいような状況となっていくのである。幕府に提出された目安によれば、それは次のようなものであった。

いち早く銀山開発に着手した越後側に対して、会津側は再三にわたり、ここが会津領内であることを主張して、開発の中止を申し入れていた。会津藩と高田藩も、書状を送達して互いの主張を展開していたが、埒《らち》が明かない。

寛永一九年一二月一八日、会津領塩野岐村《しおのまたむら》馬場仁右衛門および只見村大内蔵は、五、六十人ほどの人数を引きつれ、鑓《やり》・鉄砲を所持して銀山に現れる。当地は会津領であるから、ただちに開発を止めよと言い立て、もし止めないならば実力行使も辞さないなどと主張する。

翌年正月には、やはり鉄砲をはじめとする武器を携行した手勢、千四、五百人を引きつれて銀山に現れた。越後側の主張によれば、その武器の数、鉄砲百四、五十丁、弓五、六張、鑓百本、長刀八振などである。この主張のとおりとすれば、ほとんど合戦支度ともいうべき装備であった。会津側百姓らは、武器を携行したこれらの手勢を隊列のごとくに配し、小屋に押しかけ、材木を切り倒し橋を架け、あるいは実際に鉄砲を発砲したりする行為をおこなったというのが、越後側百姓の主張であった。

会津側も、さすがにこれには反論している。越後側の主張は過大なものであり、実際に携行した武器は、鉄砲七丁、鑓七本、弓一張にすぎず、これらも鹿を撃つためのものにすぎない。越後側が主張するような実力の行使などなかったというのである。むしろ会津側がかけた小屋にやってきて、立ち退きをしなければ打ち殺すなどと脅迫しているのは越後側の方である。越後側がこのような偽りを申し立てるのは、そもそも境界についての主張に嘘があるからにほかならないというのが会津側の主張であった。

自重・逼塞の強調

以上のように、上田銀山をめぐる争論は、合戦一歩手前ともいうべき様相を呈していくのだが、実際にそれが合戦へといたることはなかった。むしろ自分たちがいかに自重して逼塞《ひっそく》していたかが、強調されている。この点は、会津と越後の村々が幕府に提出した訴状において、双方が主張したことであった。

会津側の百姓らは、何度言っても越後側が開発を中止しないので、強制的に人夫らを排除したいと思ったと訴状に書いている。しかしそのような行為は天下の御法度《ごはっと》に背くことになるので、これを自重して引き返したのだと主張している。

越後側の百姓らは、一貫して会津側百姓らの行為を「徒党《ととう》」と断じ、合戦がましき行為を糾弾していたが、自らはそのような行為への反撃を自重し、公儀を恐れ逼塞していたことを強調している。

このように、相手方の実力行使を非難したうえで、自分方は自重しているということを主張することが、訴訟戦略上も重要だったということである。このような状況は、中世的な自力救済《じりききゅうさい》の世界から近世的な訴訟の世界への転換がもたらしたものであった。

すでに述べたように、中世社会においては実力行使によって自らの権益を実現することはなんら異常なことではなかった。双方の実力行使の応酬を一定の範囲に収束させるための種々の作法をともないながらも、時として実力を行使することは、人々にとって不可避のものでもあった。会津と越後のこの国境争論においても、武器による威嚇《いかく》をはじめとする実力行使は、このような行為が、近世前期のこの時期にも、依然として存在していたことを示すものである。

しかしながら、もはやこのような実力行使は許容されないものとなっていた。藤木久志が「豊臣平和令」と呼んだ、実力行使の一般的な停止についての体制によって、あらゆる実力行使が禁止されるにいたったのである（藤木『豊臣平和令と戦国社会』）。藤木によれば、豊臣平和令は、大名同士の戦闘行為を禁止することはもとより、惣無事令《そうぶじれい》・喧嘩停止令《けんかちょうじれい》・刀狩令・海賊停止令などによって、大名・村落・百姓・海のすべての面にわたって、私戦・私闘を全面的に禁止するものであった。中世的な自力救済の原理は、ここに根本的に否定されたのである。

会津・越後国境争論において、自らが逼塞している一方で、相手方が実力を行使したことを強調することが訴訟戦略上に重要であったのは、以上のような経過によるものであった。自分たちの順法性と、相手方の平和令違反を強調することによって、訴訟を有利に展開しようとするものであった。このような立論の仕方は、後述する信濃・越後国境争論においてもまったく同様であった。

幕府裁許による解決

会津・越後双方が激しく対立した上田銀山をめぐる争論は、幕府裁許によって最終的な決着をみる。裁判における争点は、会津と越後の国境がどこにあったかというものであった。主要な対立点は、この国境線が「あかの川」（只見川）の中央に存在するのか、あるいは「あかの川」を越えてその西側に存在するのかということであった。越後側は、「あかの川」の半分を境界であると主張し、会津側は川の西側まで会津領分であると主張した。両者の言い分は真っ向から対立しているが、幕府裁許状では、越後側の主張を正当であると認めている。その根拠は、越後側が主張する内容について証拠が多数あるのに対して、会津側の主張はこれを欠いているとするものであった。ここに、越後側の勝訴となってこの紛争は決着をむかえるのである。

ここには、証拠となる事実とそれを示す文書の提示こそが、自らの主張を実現するうえでもっとも重要なものとなりつつあったことが示されている。実力行使や武器の装備などではなく、証拠となる文書の保全と、それらにもとづいた説得的な論理展開こそが、自らの主張を実現するものとなったのである。中世的な実力行使の世界が、訴訟の世界へと転換しつつあったことをよく示しているといえるだろう。

「白峯銀山目安」

この一連の紛争において幕府に提出された目安が、「白岩目安」と同様に往来物として流布している。会津側に伝わるものには、「白峯銀山目安」と題され、越後側に残るものには「奥州《おうしゅう》会津《あいづ》目安《めやす》越後《えちご》銀山《ぎんざん》返答《へんとう》」などのように題されている。

越後側が着手した銀山開発に異議をとなえて、会津側が寛永一九年四月二六日付で提出したものが「白峯銀山目安」あるいは「奥州会津目安」と呼ばれているものである。これに対して同年七月に越後側から提出された返答書が「越後銀山返答」などと題されるものである。

これらの訴状の作成には、双方の藩当局も関与していたものと思われる。とくに越後高田藩側の動向については、資料上からも訴訟への関与を具体的に確認することができる。正保二年（一六四五）、越後魚沼郡百姓惣代たる多右衛門・彦兵衛両名は、争論の早期決着を求め、江戸にのぼったが、このときの出府日記が残されている（『小出町歴史資料集』三）。これによれば、両名の百姓は江戸に到着するや、まず高田藩江戸屋敷に出頭し、米・味噌《みそ》・薪《たきぎ》などを受け取っている。訴状も藩家老の小栗五郎左衛門《おぐりごろうざえもん》の手によって作成されている。まさに、藩まるがかえの訴訟だったのである。これらのことからみて、当初より、越後側百姓らの訴訟には藩が関与していたものとみられるのである。したがって、「越後銀山返答」などと題されて流布されるようになる訴状についても、藩の関与のもとで作成されたと考えられることが自然であろう。

一七世紀前半というこの時期にあって、このようにして作成された訴状は、幕府裁許にいたる事実経過に関する記録として保存されるべきであることはもちろんであるが、それ以上の意味を有したものと思われる。それは、訴状そのものの範例として、あるいは地域の歴史にかかわる資料として、継承されるべきものとみなされたということである。これらの訴状が往来物として学習の対象とされるようになっていったのは、それが次の世代に教育されるべき内容と考えられたからであろう。藩が関与して作成された訴状は、当時の百姓らにとって、重要な知的資源となったことと思われるからである。

信越国境争論と目安

信越国境争論

上田《うえだ》銀山《ぎんざん》をめぐる会津《あいづ》と越後《えちご》の争論と同じように、信州《しんしゅう》と越後の間にも、国境線をめぐる争論があった。「信越国境争論」と呼ばれている争いである。これは、越後国魚沼郡《うおぬまぐん》羽倉村《はくらむら》（新潟県中魚沼郡津南町の一部）と信濃国水内郡《しなののくにみのちぐん》森村《もりむら》（長野県下水内郡栄村の一部）で起こった、山の帰属をめぐる争論であった。

会津・越後国境争論と同様に、国境線をめぐる争論ではあったが、上田銀山の開発という巨額の利権をめぐる争いとは少し異なり、羽倉村と森村の日常的な権益をめぐる争論であった。国境線をめぐるものであったので、もちろん藩同士の争いでもあったが、村同士の「山論《さんろん》」としての性格を濃厚に有するものでもあった。それだけに、当事者同士の争いはより切実なものがあったのである。

両村をめぐるこの時の争いは、寛文一〇年（一六七〇）一月一八日、森村の百姓が、羽倉村山内の美女松と呼ばれる樹木を伐採したことが直接の発端であった。これに対して寛文一二年六月四日、羽倉村が幕府に対して提訴し、同年八月四日、森村側がこれへの返答書を提出している。この両者の訴状を一冊にしたものが、「羽倉目安《めやす》」などと題されて往来物《らいもの》として流布しているのである。

長い紛争の歴史

この両村においては、幕府提訴へといたったこの時の争いだけでなく、じつは長い期間にわたり、当該地域にかかわる種々の紛争が継続していたのである。

話は、慶長年間にまでさかのぼる。寛文期の信越国境争論から六〇年前のことであるというから、一六一〇年代ということになる。「かり合境」という場所に森村が堤を築き、二〇間ほどの堀をめぐらして、清水沢という沢から森村側に取水をおこなうという事件があった。このとき羽倉村は、堤を切り落として羽倉村側の用水に戻したという（『津南町史』資料編上）。すでにこのときから、両村の対立があったというわけである。

それから一五年ほど過ぎたときにも、羽倉村地内の橇道《そりみち》を森村百姓らが通行しているのでこれを質《ただ》したところ、両村境界について不埒《ふらち》なる見解を申し立てて、出入り（もめごと）となったという（前掲書）。

さらに寛文一二年には、越後・信濃間の交通に関し、従前の慣行に反して、森村が勝手に新道を開き流通の中継地としたことなどが、羽倉村の本郷である寺石村《てらいしむら》と森村との間で争いとなっている（『新潟県史』資料編近世二）。

このように、両地域においては、長年にわたり紛争が続いていたのである。このような継続的な紛争状況を背景としながら、美女松伐採に端を発した両村争論により、ついに幕府への提訴にいたったというわけである。

作法にもとづいた実力行使

しかしながら、この紛争も、直ちに幕府への提訴となったわけではない。それにいたるまでのあいだに、実力行使をともなう両村百姓同士の激しい闘争が繰りひろげられたのである。訴状に示されたそれぞれの言い分によれば、双方の実力行使は以下のようなものであった。

寛文一〇年三月、美女松を無断で伐採されたと認識する羽倉村百姓らは、その後も地内で木材を伐採しようとする森村百姓らに対し、当該の木材を差し押さえるという行為をおこなっている。それでも伐採を止めないので、さらに鉈《なた》二丁を押収したという。これに対し森村側は、かえって行動をエスカレートさせ、羽倉村地内の山畑を焼き払うという行為をおこなったとしている。

森村側はこれに反論して、信州の山で柴木を切っていたところ、越後側の百姓らが大勢でやって来て、棒・木刀などを用いて我々を追い散らし、鉈二丁を略取したものであると説明している。あくまでも相手方の横暴を主張するものであった。また山畑の焼き払いについても、自村内の山畑を柴焼《しばやき》したまでのことであると反論している。

同年八月には、山畑で仕事をしていた羽倉村百姓らに対し、森村の百姓らが近郷の者をも加え大勢でやって来ると、棒・鳶口《とびぐち》・石・土くれなどを用いて、羽倉村百姓らを打擲《ちょうちゃく》するという暴力をふるった。これにより、三人の百姓が半死の状態になったと羽倉村側は主張している。

しかしこれは、羽倉村百姓が、信州の領分であることを知りながら森村の作物を刈り取ったことに原因があるというのが森村側の主張であった。また、棒・鳶口などを携行したのは、羽倉村百姓の暴力に対抗するためのものにすぎなかったことが強調されている。すなわち、この事件の前に、羽倉村百姓らが大勢で押しかけ、森村百姓を組み伏せて散々に打擲し、このためその百姓がいまも半死状態になっているといったことがすでに起こっており、やむをえずこれらの道具を携行したものだというのである。

両者の主張は、当然のことながら、それぞれの正当性を強調するものであるが、重要なのは、生産物や道具の差し押さえ・焼き払い・打擲などによる半死にいたるまでの暴力の応酬が両村間で激しくおこなわれていたということである。

以上のような実力行使の応酬は、近世期においてはすでに違法なものであったが、中世における自力救済《じりききゆうさい》行為の慣行を色濃く残したものでもあった。藤木久志によれば、近世初期の村落間争論においても、「鎌を取る」「相当の儀」などの、中世以来の自力の作法が依然として存在し続けていたという（藤木『豊臣平和令と戦国社会』）。プロローグにおいても述べたように、「鎌を取る」とは、山野をめぐる争論の最初の段階で、領地の領有権を主張する側が山仕事の現場を差し押さえる措置であり、鎌・鉈などの道具を押収する行為を指すものであるという。「相当の儀」は、このような「鎌を取る」行為などへの対抗措置のことであり、自分たちが受けた被害に相当する被害を相手方に負わせる報復行為のことであった。このような実力行使の応酬のなかで、相手方を半死の状態にまでする暴力がふるわれることもあり、そのような事態を示す固有の言葉として「なから者」「なからじに」などの表現が古くからあったという。

このように見てくれば、信越争論においておこなわれた、暴力を含む実力行使が、中世以来の争論の作法に従ったものであったことがわかる。羽倉村の百姓らは「鉈を取る」行為によって、森村側の山仕事の不当性を主張したのであり、その後の「半死」にいたるまでの暴力の応酬も、「相当の儀」にほかならなかった。いずれも、村の利益を防衛するために、一定の作法にしたがって実力を行使する、中世以来の伝統に立った行為だったのである。実力行使の世界が、一七世紀のこの地域においても、脈々と息づいていたことが示されているといえよう。

裁判による決着

しかしながら、争論は双方の実力行使によっては決着をみることはなかった。寛文一二年六月四日、ついに羽倉村からの訴状が幕府に提出されることになる。これに対する森村側返答書が、同年八月四日付けで同じく幕府に提出される。これにより、中世以来の自力救済の作法を踏襲したものであった両者の闘争は、幕府評定所《ひょうじょうしょ》へとその場所を移すことになるのである。

幕府からは検使が現地に派遣され、実地検分とともに、繰り返し詮議がおこなわれた。これらの結果、延宝二年（一六七四）八月、幕府の裁定がおりる。羽倉村側の主張をすべて容れ、論地は羽倉村の領分と決定されたのである。また、両村の境界線上に、石塚を築くことが命ぜられている。これにより、長年にわたる両村の紛争は最終的な決着をみることになるのである（『津南町史』通史編上）。『津南町史』によれば、このときに設置された塚は、いまも昔のままに残っているという。また同書が発行された昭和六〇年（一九八五）においてもなお、羽倉地域では、塚までの山道の刈り払いをして境界を確認しているという。幕府の裁判によって確定した領域が、現在にまで継承されているのである。

以上のように、この信越争論もまた、中世的な自力救済の作法を色濃く残しながら、裁判による紛争の決着という近世的な方法によって終結したものであった。中世から近世へ、時代が大きく転換する過程の出来事であった。この渦中に作成された「羽倉目安」は、したがって、このような歴史的な転換の生み出したものだったということができるだろう。

「羽倉目安」　羽倉村と森村による信越国境争論において提出された訴状も、広く流布していくこととなる。筆者がこれまで確認できたものは二一本にのぼる。羽倉村側からの訴状と森村側からの返答書が一対となったものが多いが、このほかに、幕府裁許状などを含む写本もみられる。写本は現在の新潟県津南町や十日町市などの地域に残されているが、長野県側に流布していたものも確認されている。

写本の多くは、往来物であったとみられるものである。なかには「初登山手習教訓書《しょとうざんてならいきょうくんしょ》」という著名な往来物と合冊《がっさつ》となっているものもあり、それが往来物であることを明瞭に示している。

目安往来物の成立と普及

目安往来物の分布

普及範囲

一七世紀の一揆や争論において作成された以上の訴状が、やがて往来物となり、各地に流布していくこととなる。それらの訴状はどのようにして往来物となり、また普及していったのだろうか。手掛かりとなる資料は限られているが、以下このことについて考察してみることとしよう。

目安往来物《めやすおうらいもの》は、どのような範囲に流布していたのであろうか。図4に、六種類の目安写本の分布を示してみた。写本全体の分布をみるため、このなかには、往来物ではない一般的な写本の分布も含めてある。また、旧蔵者や伝来の不明なものについては、所蔵先が地元の図書館・資料館等の場合にはその場所を示した。そのほかの旧蔵者不明本については、

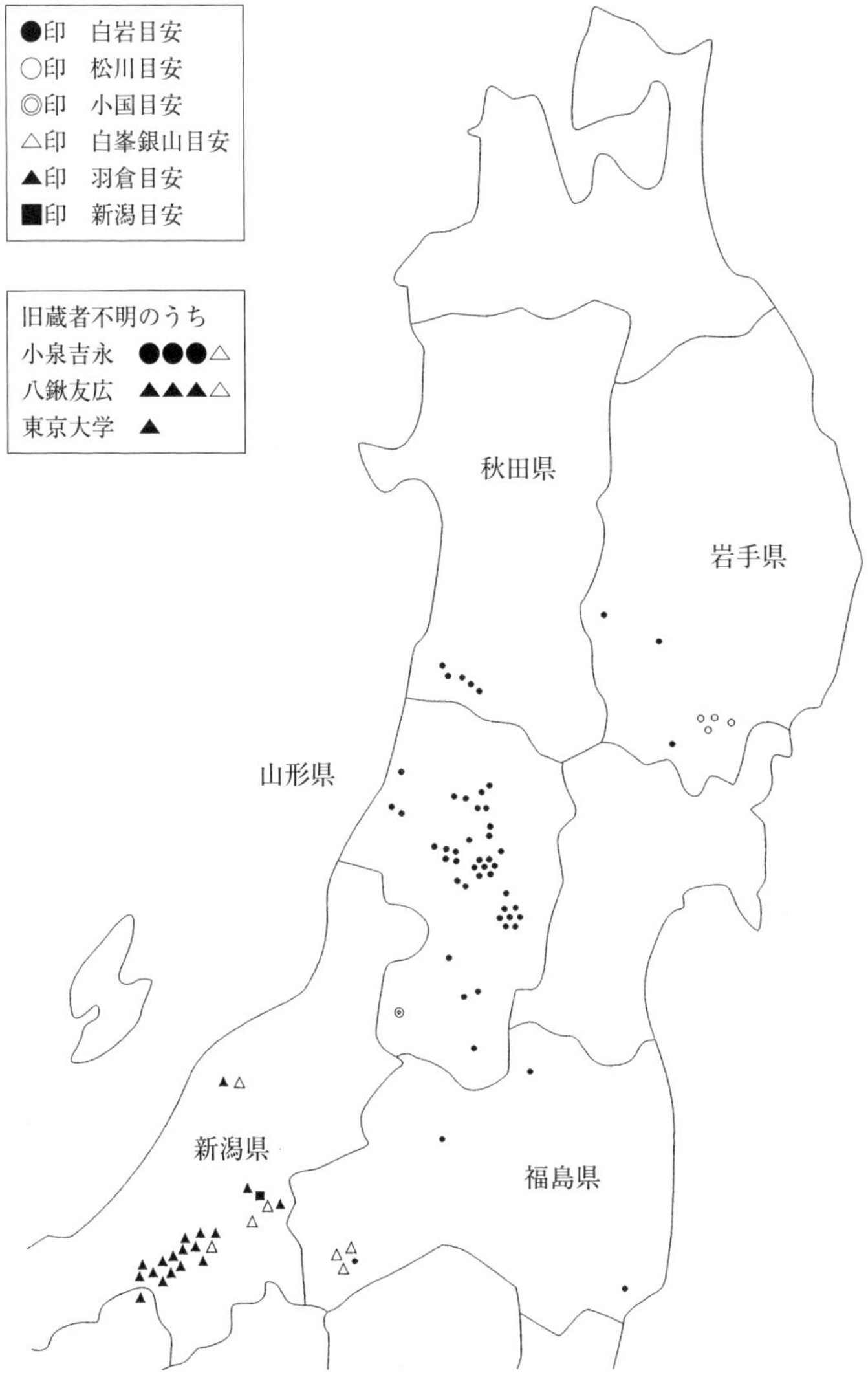
●印　白岩目安
○印　松川目安
◎印　小国目安
△印　白峯銀山目安
▲印　羽倉目安
■印　新潟目安
旧蔵者不明のうち
小泉吉永　●●●△
八鍬友広　▲▲▲△
東京大学　▲
秋田県
岩手県
山形県
新潟県
福島県

図4　目安写本分布図

小泉吉永、八鍬友広、東京大学が所蔵しているものを地図外に示した。図から、とくに「白岩《しらいわ》目安」の流布が広範囲に及んでおり、その普及地域に別の目安往来物を成立させている状況もうかがうことができる。

白岩目安は山形県を中心として広域的に流布していることがわかる。白岩目安が流布する山形県内で「小国《おぐに》目安」、岩手県内で「松川《まつかわ》目安」という、二つの一揆《いっき》目安が、同様に往来物となっている。白岩目安が流布している福島県では「白峯《しらぶ》銀山《ぎんざん》目安」、そしてそれが流布している新潟県内に「羽倉《はくら》目安」「新潟目安」などが成立している。流布範囲が重複していることにくわえ、いずれも訴状であるという内容の共通性、および「〇〇目安」「〇〇状」などとするその名称の共通性から、これらの目安往来物は、白岩目安の類書として成立した往来物であったのではないかと筆者は考えている。つまり、白岩目安の流布こそは、一連の目安往来物の成立にとってとくに重要な意味を有しているのではないかと考えられるのである。

目安往来物の筆写年

六種類の目安往来物のなかには、わずかな点数の写本しか確認されないものもあるが、白岩目安や羽倉目安のように、多数の写本が確認されているものもある。これら流布写本のすべてが往来物と断定できるわけではなく、なかには、一般的な写本として流布していたものもあったと考えられる。ここでは、往来物に限定して、その筆写年について検討してみることとしよう。

流布している写本のうち、種々の根拠から往来物であると判断されるものの筆写年代を一覧表にすると、次表のようになる。

往来物としての写本の筆写年代が判明するのは、「白岩目安」「白峯銀山目安」「羽倉目安」の三種類のみである。表2から、目安往来物が一七世紀後半から一九世紀後半まで、きわめて長期にわたって筆写され続けたことがわかる。これらは、筆写年代の判明するものだけを示したものであるから、もちろんこのほかに、筆写年の記されない事例が多数確認されている。目安往来物の普及ぶりを示すものといえる。

注目されるのは、一七世紀に筆写されたものが存在しているということである。延宝四年（一六七六）の白岩目安である。伝来の過程は明らかでなく、筆写された地域などはわかっていないものの、一七世紀後半に、すでに目安往来物が成立していたことを示しており重要である。この写本については、のちに詳しく述べてみたいと思う。

往来物であることが断定できないので、この表には載せていないが、次に古い筆写年を有する白岩目安として、貞享二年（一六八五）のものがある。前述のように白岩目安は、

表2　目安往来物筆写年代一覧

白岩目安	白峯銀山目安	羽倉目安
1676(延宝4)		
1702(元禄15)	1708(宝永5)	
1711(正徳1)	1709(宝永6)	1724(享保9)
1725(享保10)	1726(享保11)	1734(享保19)
1748(寛延1)		1734(享保19)
		1774(安永3)
		1790(寛政2)
1801(寛政13)		1795(寛政7)
1807(文化4)		
1808(文化5)		
1821(文政4)		
1823(文政6)		
1828(文政11)		
1829(文政12)		
1830(文政13)	1837(天保8)	
1846(弘化3)		1864(元治1)
		1866(慶応2)
1877(明治10)		1876(明治9)

往来物としてだけでなく、一般的な文書として筆写されたものも存在している。この写本を所蔵しているのは、山形県舟形町の伊藤家である。伊藤家には、この本のほか往来物であることが明らかな白岩目安が、その他の往来物とあわせて所蔵されている。これについても後述するが、ここでは、同家の所在する地域に注目しておきたい。同家が位置する現

在の山形県舟形町は、白岩一揆の起こった白岩地域から五〇キロも離れているのである。そのような遠隔地に、すでに一七世紀後半には、白岩目安の写本が流布していたのである。

往来物として流布した白岩目安のなかで、延宝四年本の次に古いのは、元禄一五年（一七〇二）に筆写されたものである。この本を所蔵しているのは、秋田県鳥海町の真坂家である。一揆の起きた白岩地域からは一〇〇キロ以上離れている。伊藤家どころではない。一八世紀の初頭には、往来物としての白岩目安が、このような遠隔地にまで流布している事実を確認しえるのである。

往来物としての「白岩目安」の成立

「白岩目安《しらいわめやす》」が往来物として使用されるようになったのは、具体的にいつのことだったのだろうか。またそれを始めたのは誰だったのか。これは、往来物としての「白岩目安」の成立にかかわり重要であるが、残念ながら、それについて明らかにすることはできない。目安が作成された白岩一揆《いっき》という事件が起こったのは、いまから四〇〇年近くも前のことである。往来物としてその目安が使用されていくようになった具体的な経緯についても、その詳細はまったく不明というほかないのである。

「白岩目安」の写本系統

しかしながら、流布している写本を子細に検討すると、ある程度のことはいえそうである。まずは流布している白岩目安の写本の系統について述べてみることにしよう。

現在までに確認されたものだけでも、白岩目安の写本は五〇本をこえる。もちろん、これは実際に流布したもののごく一部であろう。夥《おびただ》しい数の白岩目安が、広範囲に流布したものと思われる。その内容を子細に比較してみると、まったく同一のものは存在しないといってもよいほどに多様である。いうまでもなくこれは、筆写される過程で異同が生じたためである。この異同の多さも、白岩目安の流布がきわめて広範囲にわたっていることを示すものといえる。

写本間のこの異同に着目してみると、いくつかの写本系統を確認することができる。そのなかでもっとも重要な異同は、目安の奥付にかかわるものである。寛永一〇年（一六三三）の奥付を有するものと、寛永一二年の奥付を有するものの二系統が存在している。

これは、筆写時における単なる書き違えとは考えられない異同である。というのは、このふたつの系統の写本は、まったく異なる原本をもとにして成立したものと考えられるからである。

ふたつの系統

まず寛永一〇年の奥付を有する白岩目安であるが、これは、白岩一揆の発端となった最初の目安である。一〇月七日付けとする写本が多い。なかには一〇月二〇日とするものや、閏極月（一二月）一七日とするものなどもあるが、一〇月七日付けがほとんどである。

これに対して、寛永一二年の奥付を有する写本では、以上の内容をほぼ同文で記した後に、このような目安を提出したにもかかわらずいまだ何の音沙汰もない、早々にご吟味をいただきたいとする追って書きが記されている。奥付としては、寛永一二年三月の日付が記されている。

追って書きの内容は、きわめて詳細である。寛永一〇年五月下旬、白岩の百姓らが江戸に出府し、八月二七日に目安を提出、一〇月一四日には裏判を得た。しかしその後なんの沙汰もないので、寛永一二年再び出府した。目安は二月三日に聞き届けられたものの、その後もやはり沙汰はない。田畑の仕付けもあるので大変迷惑しており、早々に吟味を願いたいというものである。

以上の内容からみて、誤って筆写されたものとは考えにくい。もちろん、筆写した者があらたに書き加え潤色したと考えることがまったくできないわけではないが、それにしては記述が具体的すぎるのである。むしろ、一〇年本とは異なる一二年本の原本が存在していたと考える方が自然であると思われる。

じつは、このあたりの事情に関連すると思われる資料が存在している。寛永一二年霜月（一一月）の日付で、「御奉行様《おぶぎょうさま》」にあてられた訴状の写しである。白岩村の名主であった木村家に所蔵されているものである。長登寺《ちょうとうじ》という寺が所蔵していたものを、天保期に筆写したものである。

『西川町史編集資料』一一などによれば、その内容は以下のようなものであった。寛永一〇年に訴状提出のため出府した百姓一〇名が長門守《ながとのかみ》の手によって捕縛され、そのうち三名が死亡した、その後さらに四名が出府したが、寛永一二年七月一五日、逗留中の宿にてこれも捕縛されてしまい消息不明である。その後、前に捕縛されていた者一名がさらに死亡した。このまま訴訟を続けていては白岩郷八〇〇〇石残らず潰れてしまうので、観音寺《かんのんじ》別当《べっとう》に頼み、江戸で捕らえられた四人の者の釈放についてお願いする次第である。

『西川町史編集資料』によれば、ここで観音寺といっているのは長登寺のことである。訴状の内容からみて、長登寺はこの訴訟を支援していたと考えられる。あるいは訴状原本の作成にあたっていたのかもしれない。いずれにせよ、その訴状を長登寺は所蔵しており、それを天保期に筆写したものが木村家に伝来していたのである。

以上によれば、寛永一〇年に起こした訴訟の埒《らち》が明かないために、寛永一二年に再度の訴訟がなされているということになる。先に示した寛永一二年本にある追って書きの内容は、このような事実経過ともよく合致するものである。したがって、この寛永一二年本は、筆写の過程で潤色がくわえられて成立したものではなく、実際に寛永一二年の第二段の訴訟において作成された目安を原本として成立した写本だったと考えるほうがよさそうである。

二系統の写本の分布

このように、流布している白岩目安には、まったく性質の異なる二つの系統があったと考えられるのである。そこで次に、流布している目安のうち一〇年本と一二年本がどのように分布しているのかについてみてみることとしよう。

表3は、これまで筆者が確認しえた白岩目安の筆写本を、県別・年代順に並べたものである。カッコ内が写本系統を示している。右わきに「往」の字を付したものは、往来物であると判断されるものである。

山形県内には、一〇年本と一二年本の両方が流布している。その大多数は一〇年本系統のものである。一〇年本、一二年本のいずれの系統も往来物となっていることがわかる。これに対して、秋田県では、一二年本系統の写本だけが発見されている。いずれも往来物

表3　「白岩目安」の写本系統とその分布

山形県	秋田県	岩手県	福島県	不　明
1685(10)	1702(12)往			1676(10)往
1704(10)				
1705(10)				
1709(12)				
1711(10)往				
1725(12)往				
1727(10)往				
1748(10)往		1732(10)		
1775(10)				
1783(10)				
1786(10)				
1816(10)	1807(12)往	1808(12)往	1801(10)往	
1823(10)往				1821(12)往
1829(10)往				1828(10)往
1830(10)往				
1846(10)往				
1857(10)				
1877(10)往				
不明(10)	不明(12)往	不明(10)往	不明(10)	不明(12)
不明(10)往	不明(12)往		不明(10)	不明(10)
不明(10)	不明(12)往		不明(10)往	不明(10)
不明(10)				不明(10)往
不明(10)往				不明(10)
不明(10)往				不明(12)
不明(10)				不明(10)
不明(10)				不明(10)
不明(10)往				不明(10)往
不明(10)				

年次は筆写年，(　)内は本系統，「往」は往来物．

である。これによれば、秋田県には一二年本の往来物のみが流布したもののようである。しかしながら、隣県の岩手県では、一〇年本、一二年本の両方の往来物が確認されており、両方の系統が往来物として山形県外にも広く流布したものであることがわかる。今後の調査によっては、秋田県内でも一〇年本系統の写本が発見される可能性は十分にありえるだろう。福島県内で発見された白岩目安は、いまのところ一〇年本系統のみとなっているが、これについても同様のことがいえるだろう。

注目されるのは、秋田県に流布している元禄一五年（一七〇二）の写本である。これは、筆写年代が特定しえる写本のなかで三番目に古いものであり、一八世紀初頭には、一二年本系統の往来物がすでに山形県外にも流布している状況を示すものである。なお、現時点で最古のものとなっている延宝四年（一六七六）の写本は一〇年本系統の往来物である。これらのことから、一〇年本と一二年本の両方の系統が、かなり初期から往来物として普及していたことがわかるのである。

以上から、どのようなことが考えられるだろうか。前述のように、一〇年本と一二年本とでは、その底本となっている目安が別のものであったと考えられる。寛永一〇年に提出されたものと、寛永一二年に提出されたものの、性質の異なる二種類の目安が存在していたのである。そのいずれもが往来物として広く流布しているのである。これらの両方が、往来物ではない一般的な写本として流布するうちに、その過程で偶然にも両方が往来物として使用されるようになっていったとは考えにくいだろう。白岩目安の流布全体が往来物の普及としての性格を有していたのであるから、当初より、それらは往来物として流布していったものと考えられる。だとすれば、白岩目安が往来物として成立しえたのは、両方の底本となる目安の写しを有していた地域でなければならないだろう。いうまでもなくそれは、白岩郷ということになる。このように、流布している写本の系統を検討してみると、白岩目安の往来物化は、一揆の現地たる白岩地域でおこなわれたと考えられるのである。

最古の往来物「白岩目安」

往来物となっている白岩目安写本のうち、現時点で確認される最も古い筆写年代を有するものは、延宝四年の写本である。その冒頭部分と末尾の部分を図5に示しておこう。

この本は、小泉吉永の所蔵になるものである。末尾に「斎藤氏」の名前がみえるが、その伝来および旧蔵者などについては不明となっている。

伝来過程も不明ながら、その体裁からみて、往来物とみて間違いなく、筆写年の知れるもののなかで最古の往来物白岩目安として、きわめて貴重な資料である。そこでこの内容

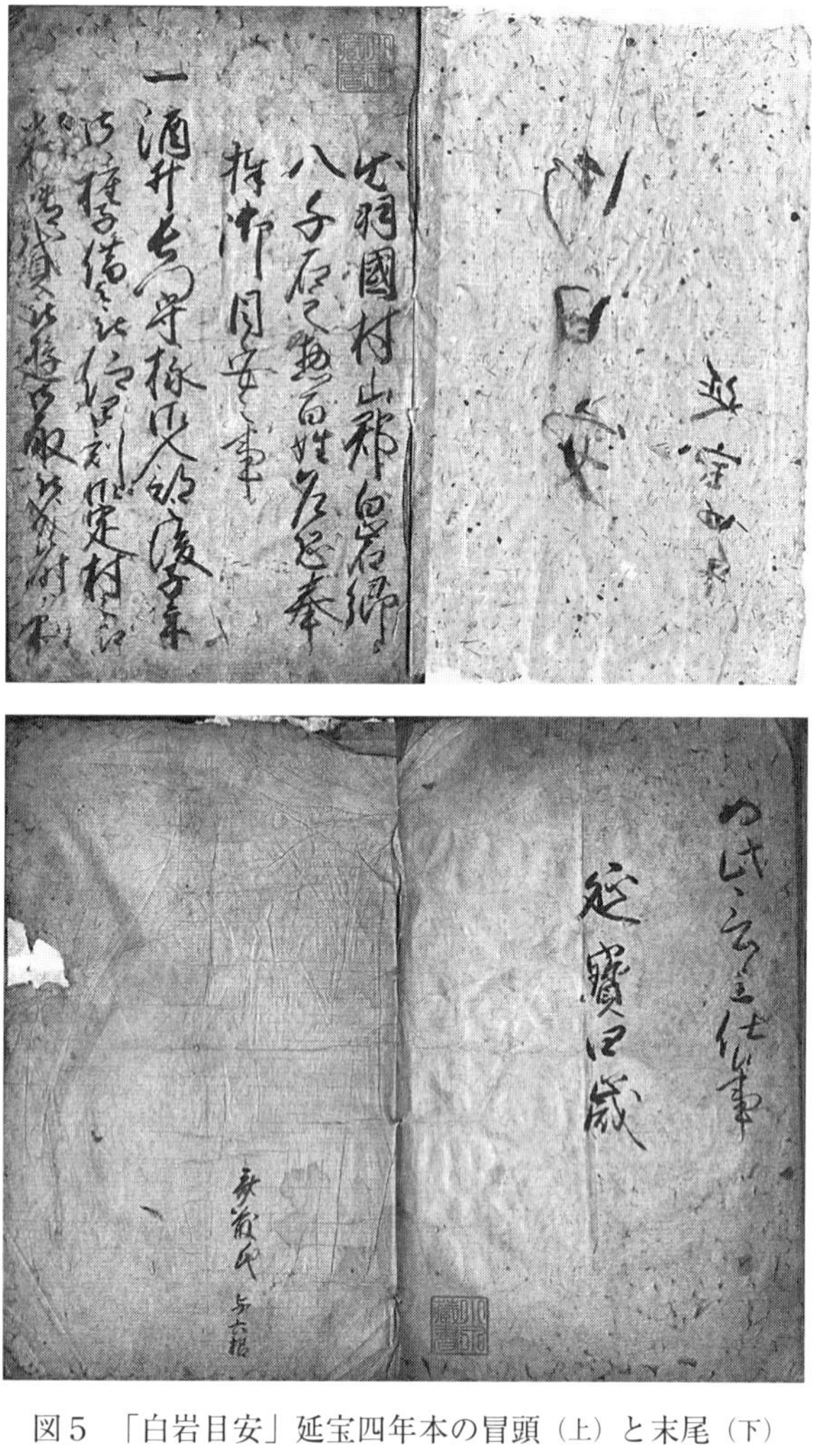

図５　「白岩目安」延宝四年本の冒頭（上）と末尾（下）
（小泉吉永所蔵）

について少し詳細な検討をくわえておきたい。

訴状差出日の記述を欠いているものの、一二年本にあるような追って書きが見られないことから、写本系統としては寛永一〇年本系統であると考えられる。

この延宝四年本と筆写年がもっとも接近しているのは、山形県舟形町伊藤家の本〈貞享二年〈一六八五〉〉となっている。しかし両本の内容を比較してみると、重要な点でいくつもの異同が見いだされるのである。白岩目安は二三条からなっているが、延宝四年本では一か条欠落しており、また掲載の順序も一部異なっている。字句の異同も甚だしく、とくに「算用」を「三両」、「前々」を「毎々」と記すなどの稚拙な間違いも散見される。石高や年貢率についての記述においても、意味不明の箇所がみられるのである。

以上のように、この延宝四年本には、筆写年代のもっとも近接した伊藤家本と比較しても、きわめて大きな相違がみられるのである。すでに述べたように、流布している白岩目安には、無数の異同があり、まったくの同文はひとつもないといってもよいほどであるが、この延宝四年本の場合にも、重要な相違点がきわめて多く確認されるのである。

このことをどのように理解したらよいのだろうか。写本における異同は、いうまでもなく筆写の過程で生じるものである。筆写される回数が多いほど、さまざまな異同が生じていくこととなるだろう。延宝四年に筆写されたこの本と、貞享二年に筆写された伊藤家本の間にこれほど多数の異同が見いだされるということは、一七世紀のこの時代に、すでにさまざまなバリエーションの白岩目安が流布していたということを示しているだろう。延宝四年本が成立したのは、白岩一揆が終局してから四〇年後のことであった。この時点ですでに種々の写本が流布していたとすれば、白岩目安の往来物としての流布は、一揆直後から始まっていたのではないかとも考えられるのである。だとすれば、往来物としての「白岩目安」は、一七世紀中ごろには成立していたと考えなければならないだろう。

出羽三山宗教圏との関係

白岩目安がどのようにして往来物となり、それがいかにして各地に流布していったのか、その詳細はまったくわかっていない。しかしそのひとつの背景として、出羽三山《でわさんざん》宗教圏と白岩郷との関係ということを考えてみる必要があるのではないかと思われる。

月山《がっさん》・羽黒山《はぐろさん》・湯殿山《ゆどのさん》の三山（最後の一山を鳥海山《ちょうかいさん》あるいは葉山《はやま》とする場合もあった）は、古くから崇拝の対象とされており、古代以来の縁起《えんぎ》を伝承する社寺が祀られてきた。月山を頂点とするこの山岳地域には、宗教者の行人《ぎょうにん》はもとより、近世期以後には、夥しい数の一般参詣者が登拝したのである。三山への導入路は、八方七口といわれ、山形県の広い地域にわたって配されている。日本海に面する庄内地方、県北部の内陸地域である最上郡、月山の南東部に位置する西村山郡などである。三山に近接する地域には宗教集落を形成するものもあり、このような地域では修験《しゆげん》をはじめとする多数の宗教者が居住していた（岩鼻通明『出羽三山信仰の歴史地理学的研究』）。

これらの宗教者は、霞場《かすみば》・旦那場《だんなば》などといわれるテリトリーを有し、札の配布をはじめとする宗教行為を広域的におこなっていた。その領域は、東北地方のみならず関東地域にも及ぶ広大なものであった。これらの地域には、出羽三山の末社が現在も広く分布している。また、「湯殿山」もしくは「月山・湯殿山・羽黒山」と三山の名を刻んだ石碑は、今日もなお各地に見いだされるものである（岩鼻前掲書）。

さて白岩郷は、この出羽三山宗教圏ともじつは深いつながりを有しているのである。白岩郷は、白岩村を東の起点として、そこから北西方向へと点在する村々によって構成されている。山形城下から鶴岡《つるおか》城下へといたる六十里越街道《ろくじゆうりごえかいどう》の途中に位置しており、月山の中腹を越え、庄内地域へといたる。途中、月山および湯殿山に接近することとなり、また峠を越え庄内地域に入れば羽黒山とも近い位置関係となる。

出羽三山の八方七口のうち、月山に登る岩根沢《いわねざわ》、および湯殿山に登る本道寺《ほんどうじ》、大井沢《おおいさわ》の

図６　岩根沢三神社(旧日月寺)

図７　湯殿山神社山門

三つは、白岩郷に属している。享保期の記録である「谷地町大町念仏講帳《やちまちおおまちねんぶつこうちょう》」に、湯殿山参詣者の往来・滞在のため、白岩より奥の山の内は、十年ばかり寝ても食っていられるほどの賑わいであったと書かれていることはよく知られている（『西川町史』上）。

もっとも、以上のような出羽三山への参詣と、広大な出羽三山宗教圏の形成は、主として近世期以後のものであるとされる。しかし、中世以来の三山信仰を基盤として構築されたものでもあった。岩鼻通明によれば、出羽三山を信仰対象とする宗教集落には、中世に起源を有し近世初期に再編成された「近世再編型」と、近世中期以降に山岳宗教集落としての機能を有するにいたる「近世成立型」の二類型があったとしているが、羽黒山への庄内側からの登山口となっている手向《とうげ》村と並んで、白岩郷の岩根沢村は、中世に起源を有する「近世再編型」宗教集落であったとされている（岩鼻前掲書）。また、本道寺法印の手になる寛永二年の「湯殿山上火証文」が、神奈川県厚木市内から発見されているなど、「近世成立型」とされる本道寺村も、近世初頭にすでに関東地域に勢力圏を有していたことが知られている（岩鼻『出羽三山の文化と民俗』）。

以上のように、白岩郷は、出羽三山信仰と関連して、宗教者および一般参詣者たちが活発に往来する地域でもあった。また、近世期には、東日本全域に及ぶ広大な宗教圏とも深いつながりを有していたのである。東北の山村とはいえ、人的移動も活発であり、修験をはじめとする知識人も少なくなかった地域であった。白岩目安というきわめて先駆的な往来物が生み出され、また広域的に普及していくうえで、このような地域特性は、ひとつの文化的・社会的な基盤となっていたのではないだろうかとも思われるのである。

一揆渦中における白岩百姓と宗教者

残念ながら、以上の仮説を論証しえる資料は見いだされていない。しかし、白岩一揆そのものと、これらの宗教者の関係をうかがわせる資料がわずかに知られている。

そのひとつは「羽《う》州《しゅう》羽《は》黒《ぐろ》山《さん》中《ちゅう》興《こう》覚《おぼえ》書《がき》」という資料である。阿部正己の『出羽三山史』をはじめとして多くの文献に紹介されてきた資料でもある。このなかに、次のような記述がある。「昔から岩根沢村の日月寺《にちがつじ》は、羽黒山別当の居住する寺であった。その一人である天宥《てんゆう》が岩根沢村に居住していたころ、その地を支配していた酒井長門守は悪逆無道の人で、白岩の百姓らがこれに対して徒党《ととう》を企て強訴《ごうそ》に及んだ。これにより張本人の三十余名が磔《はりつけ》などに処されたが、このとき、大学という百姓とその子を日月寺が隠し置いた」というものである。

日月寺というのは、岩根沢村にあった寺院であり、羽黒山の末社であった。その創建の正確な時期は不詳であるが、寛永期以後に起こる羽黒山と湯殿山の争論において、羽黒山側が幕府に提出した文書には、一二世紀の建立であることが記されているという（『西川町史』上など）。それを証する資料は必ずしもみあたらないようであるが、寛永期においてすでに古い縁起を有する寺院とみなされていたことがわかる。出羽三山信仰の隆盛により、その登拝口のひとつとなった岩根沢村は、近世期には日月寺を本坊とする門前集落を形成しており、塔頭《たっちゅう》四院のほか、参道の両側には修験二六坊が立ち並んでいたという（丸山茂『神都岩根沢の面影』）。

白岩一揆と日月寺との関係については、「羽黒三山古実集覧記《はぐろさんざんこじつしゅうらんき》」などにも記載されていることが知られている（渡辺為夫『寛永白岩一揆』ほか）。それによれば、日月寺に逃げ込んだ大学というのは、白岩郷の一村であった間沢村《まざわむら》の百姓であったとされている。日月寺に対する長門守の追及が厳しくなったため、大学らをさらに羽黒山へ隠し置いたというのである。

渡辺為夫がいうように、以上のストーリーには、寛永一〇年訴訟と、寛永一五年の騒動およびそれによる三十数名の処刑という経緯が混同されている部分もみられるが、出羽三山宗教者たちと白岩一揆の関係をうかがわせており興味深いものがある。

白岩一揆と寺社との関係という点では、すでに述べたように、長門守などによって捕縛された百姓らの助命を嘆願する寛永一二年付けの訴状が提出されたことが知られている。このなかには「観音別当」を頼んでこの訴訟をおこなったとする旨の記載がある（『西川町史』上）。

すでに述べたように、観音寺とは、石田村にあった長登寺のことである。同寺の創建年代も不詳ではあるが、天文七年（一五三八）二月の年紀を有する鉄製燭台などを伝えており（『山形県史』資料篇一五下）、中世以来の歴史を有する寺院であった。このような寺院の別当となれば、当時の白岩郷においては、最上層の知識人の一人であった。窮状にあった郷民に助力することは、自然な成り行きであったといってよいだろう。このような知識人が、白岩目安の作成、あるいはその往来物化に関与していた可能性もないとはいえないように思われるが、詳細は不明である。

白岩郷は、東北の山村地域ではあったが、以上のように、出羽三山信仰と深いつながりを有し、当時における有力な知識人たる宗教者らが多数存在し、またこれらの宗教者を含む多くの人が活発に往来する地域でもあった。単なる山村とみなすわけにはいかないのである。白岩郷のこのような地域特性は、一群の目安往来物の発端となったと考えられる往来物「白岩目安」が成立し、それが広域にわたって普及していくひとつの背景となっていたのかもしれない。

これらの宗教者たちが、白岩一揆および往来物「白岩目安」といかに関係していたのか、興味のつきない課題として、いまも残されたままである。

類書の成立

他地域への流布

以上にみてきたように、「白岩目安《しらいわめやす》」は、写本としても往来物《おうらいもの》としてもかなり早くから他地域に流布していたのである。一七世紀後半にはそれよりも五〇キロ、一八世紀初頭には一〇〇キロ離れた地域に流布していたのであるから、相当に早い時期に、白岩地域での筆写が開始され、それが他地域へと急速に流布していったものと考えなければならない。現在最古の写本となっている白岩目安が往来物であることからみて、一七世紀に始まるこのような流布の基本的な性格は、往来物としての普及であったと考えてよいだろう。だとすれば、一七世紀の中ごろには白岩目安は往来物となり、それから時を置かず各地に流布していったと考えなければならない。

白岩目安だけではなく、「白峯《しらぶ》銀山《ぎんざん》目安」の場合も、早くから他地域へと流布している。筆者がこれまで確認することができた白峯銀山目安は、八本である。このうち七本は往来物とみられる。最古の写本となっているのは、小泉吉永の収集した「越後《えちご》返答《へんとう》」と題する写本であり、表紙に宝永五年（一七〇八）、「穴地《あなじ》新田《しんでん》」と記している。穴地新田は新潟県南魚沼《うおぬま》市の一部である。

この次に古いのは、宝永六年に筆写された白峯銀山目安である。この写本は、新潟県十日町市の岩田家に伝来するものである（「岩田本」と呼称）。表紙に「宝永六年　丑二月日　菅沼村　持主　岩田杢之丞」と記している。この写本の詳細については次章において述べることとするが、ここでは、筆写年月と持主の居住地に注目しておきたい。菅沼村《すがぬまむら》とは、越後国魚沼郡妻有組《つまりぐみ》菅沼村のことであり、現在の新潟県十日町市に属する。白峯銀山目安が提出された会越国境争論の当事者とはなっていない地域である。したがってこれは、紛争の当事者たちが、自らの地域に関する書類として保存したものではなく、往来物として他地域に流布したものであった。また、岩田家のある菅沼村と先に見た宝永五年本の穴地新田村も、現在の道のりで二六キロほどの距離がある。白峯銀山目安が、新潟県内にも広く流布している状況を示唆している。

以上のように、一八世紀初頭に、すでに遠隔地にまで流布しているということは、白峯銀山目安も、一七世紀中にはすでに往来物として使用されはじめていたと考えなければならないだろう。

「羽倉目安《はくらめやす》」も、新潟県魚沼郡地域に広く流布した往来物であった。これまで確認できた二一本のうち羽倉村のものが三本であり、それ以外は、近隣地域に流布したものであった。

このうち筆写年のもっとも古いものは、羽倉村の住民が使用していたものである。小泉吉永の収集になる写本であり、「信州森村江寺石より目安」と題されている。表紙に題名のほか、「享保九年　辰ノ二月　冨津三蔵」の記載がみえる。半丁《はんちょう》に六行を大字で記してあり、往来物とみられる。享保九年（一七二四）に筆写されたものであり、訴訟当事者である羽倉村の住民が筆写したものとわかる。

次に古い写本は、長岡市立図書館の所蔵になる「越後信濃両国境論目安」、および新潟県十日町市の岩田家が所蔵する岩田本である。いずれも享保一九年に筆写されたものである。

両本とも、持ち主の村名を記しているが、いずれも現在の新潟県十日町市内の地域である。羽倉村からは、どちらも三〇キロほど離れた場所に位置しており、羽倉目安が当事者以外の地域にも広く流布している状況を示している。

相互関係

福島県側で白峯銀山目安を所蔵している星家の史料は、白岩目安と白峯銀山目安の関係を考えるうえで興味深いものである。星家は福島県檜枝岐村《ひのえまたむら》にあり、その史料は福島県歴史資料館に所蔵されている。檜枝岐村は、銀山をめぐる争論の当事者のひとつであった。この星家史料中に、二本の白峯銀山目安を見いだすことができる。このうちの一本は「童部《わらべ》教訓書《きょうくんしょ》」という教材と合冊《がっさつ》となっており、明らかに往来物である。また「星金太郎　十二歳」の書き込みがあり、星家の子息が学習した痕跡が認められる。

注目すべきは、星家が、白岩目安をも所蔵していたということである。「出羽国村山郡より差上候目安写」と題する写本であり、「なにしろ古い書きつけであるので筆写した」旨の記載がある。同一の家に、白岩目安と白峯銀山目安の両方が所蔵されていたのである。

じつは、福島県域には、この星家文書をはじめとして四本の白岩目安が確認されている。その流布地域は、東北部の飯坂町、東南部のいわき市、県中央に位置する猪苗代湖《いなわしろこ》付近の湯川村、そして南西の県境地域にあたる檜枝岐村と、福島県全域に及んでいる。これだけの地域から白岩目安が確認されているということは、福島県地域にはかなりの密度で白岩目安が流布していたとみてよいだろう。つまり、往来物としての白峯銀山目安は、このように白岩目安が流布する範囲のうちで成立したものだったのである。両者は、いずれも訴状を往来物としたものであり、またその訴状も一七世紀前半に幕府に提出されたものであった。両者のあいだにはきわめて強い共通性がうかがわれる。白岩目安は、一七世紀中ごろにはすでに往来物となっていたと考えられるから、それが東北地方に広く普及するなかで、訴状を往来物として学習するという形式を模したものが白峯銀山目安だったと考えることができるのではないだろうか。

同様のことは、白岩目安と「松川《まつかわ》目安」、および白峯銀山目安と羽倉目安の間においても指摘しえる。松川一揆《いっき》において作成された松川目安もまた往来物となっているが、松川一揆が起こった岩手県域にも、複数の白岩目安が流布しているのである。岩手県内における白岩目安の流布について紹介した『岩手の百姓一揆集　盛岡以南』では、寺子屋手習本として「白岩状」が四か所で発見されているとしながら、これら「白岩状」「松川状」などの手習本により、百姓一揆についての啓蒙をしたものであると記している。

同じように、羽倉目安が流布している魚沼郡地域には、さきに述べたように、白峯銀山目安が複数流布していたのである。これは、銀山をめぐる争論の一方の当事者が越後側の村々であったためであると思われるが、いずれも越後と他国との国境争論において出された訴状である点で、きわめて類似した事例といえよう。往来物としての白峯銀山目安を参照しながら、同じように国境争論において提出された羽倉目安をも往来物としていったことが容易に推測されるものとなっている。

このように、白岩目安を出発点とする目安の往来物は、その普及の過程で、次々と類書を成立させていったと考えられるのである。

往来物における一七世紀

目安往来物《めやすおうらいもの》は、往来物全体のなかで、どのような位置を占めるものだったのだろうか。本章の最後に、この点を考察してみたい。

『往来物解題辞典』というもの

往来物については、長年にわたる研究の歴史がある。その成果は、これまでも何度か触れてきたように、『往来物解題辞典』に集約されている。同書の冒頭に「本書は、今日まで遺されてきた往来物のほぼ全種について、作者、撰作・筆写・刊行等の年代、出版地ないし出版者、編集の形態、内容、そして所蔵機関、復刻資料等に及ぶ解題を施したものである」と記されているように、現在までに知られている往来物のほとんどすべての種類を網羅したものである（石川松太郎監修・小泉吉永編著『往来物解題辞典』

解題編）。その数、じつに三七六九項目にのぼる。これはあくまで、往来物の種類の数であり、いうまでもなく実在した往来物の点数ではない。これらの往来物が、刊行・筆写され、あるいは改変されて、学習に供せられたわけであるが、そのようにして実際に使用された往来物の点数は、容易に集計しがたいほど夥《おびただ》しいものがある。

また、『往来物解題辞典』刊行後も、新種の往来物が次々と発見されている。その状況は、『往来物解題辞典』の編著者でもある小泉吉永の運営するホームページ「往来物倶楽部」に随時紹介されている。おそらく、新種の往来物の発見は、今後とも続いていくものと思われる。これほど多種多様な文字教材が開発され普及した社会は、世界的にみても珍しいのではないかと思われる。

古往来から近世往来物へ

往来物は平安末期以後、明治期にいたるまできわめて長い歴史を有しているが、このうち、近世以前に編纂されたものは「古往来」と呼ばれている。そのほとんどは、手紙の文例集から成っている。近世以前に成立した古往来をもとにして近世以後に刊行された古往来も少なくない。『往来物解題辞典』において古往来と分類されている往来物は、全部で九一種類にのぼる。このうち五八種類が、一六〇〇年以前に成立したものである。

一六〇〇年以前に成立した往来物は古往来だけではない。手紙文例とは異なる種類の往来物も、数は少ないが存在していた。その代表的なものが「実語教《じつごきょう》」と「童子教《どうじきょう》」である。どちらも道徳的もしくは宗教的な内容の教科書である。「山高故不貴」（山高きが故に貴からず）「以有木為貴」（木あるを以て尊しとす）などのように、五字一句で道徳を説いたものである。

これも、手紙文例を主体とした古往来とは異なるジャンルの往来物といえる。「腰越状」「腰越状《こしごえじょう》」などのような歴史教材も、一七世紀以前にすでに成立していたものである。「腰越状」は「義経申状《よしつねもうしじょう》」などとも呼ばれ、近世以後も大変普及した教材であった。「御成敗式目《ごせいばいしきもく》」は、鎌倉幕府の基本法典であり「貞永式目《じょうえい》」とも呼ばれるものであるが、これも往来物として長く学習され続けた教材のひとつである。『往来物解題辞典』によれば、鎌倉中期の写本をはじめ、古写本だけで二〇種以上が確認されており、近世以降においても多くの注釈本が刊行されている。

以上のように、古往来をはじめとして、近世以前においても、多くの往来物がすでに成立していた。『往来物解題辞典』に掲載されるもののうち、七五種類が一七世紀以前において成立していた往来物であった。しかしながら、『往来物解題辞典』に所載される三七

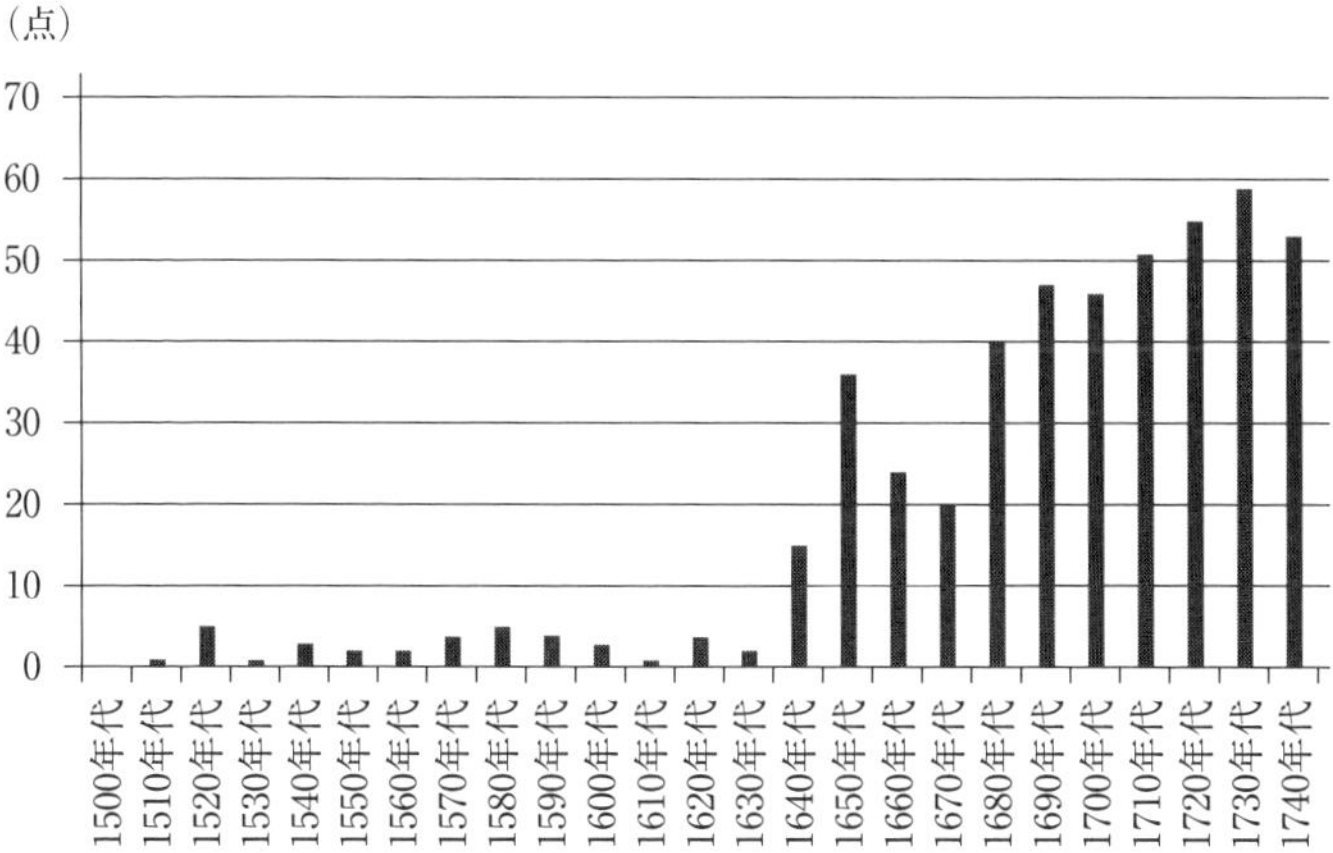

図８　往来物新作成立点数（『往来物解題辞典』解題編により筆者作成）

六九項目に比べれば、これはそのごく一部に過ぎない。往来物の編纂が本格的に隆盛に向かうのは近世以後だったのである。

往来物編纂の動向

近世において往来物編纂が、どのような過程を経て隆盛へと向かうのかを検討するため、ここでは、一六世紀から一八世紀前半における往来物編纂動向をみておくこととしよう。一七世紀以後ではなく一六世紀以後としたのは、近世期に先行する時代における編纂動向についてもみておくためである。

『往来物解題辞典』によりながら、成立時期が特定しえるものの成立年代を図にすると、上図のようになる。

図８は、一五〇〇年以後の往来物の新作成立

点数を示したものである。これをみると、一七世紀中ごろから、新作点数が急増していることがわかる。反対に、一六世紀と一七世紀前半の時代は、新作の往来物出現数は、かなり限定的であったといわなければならないだろう。この時代には、往来物が広く民衆にまで行きわたっていたとはいいがたいようである。

以上は、しかしながらあくまでも新作数の出現動向を示したものにすぎない。古往来を中心として、一六世紀に先行する時代にすでに多くの往来物が存在していた。『往来物解題辞典』によれば、一五〇〇年以前にすでに成立している往来物は四八点にのぼる。したがって、新作数が振るわないとしても、これらの往来物によって学習することは可能だったはずである。その時代において使用可能であった往来物の種類数をみるためには、同時代における往来物の種類の累加数をみなくてはならないだろう。そこで次に、往来物の種類の累加数を図にしてみることとしよう。

図9には、一五〇〇年の初期値を四八点として、往来物の種類数がその後どのように増大していくのかが示されている。これをみても、一六世紀における往来物種類の増大が非常にゆるやかなものであり、その傾向は一七世紀前半においても継続していることがわかる。往来物種類数がちょうど一〇〇点になる一六四〇年代以後、急激に増大し、一八世紀

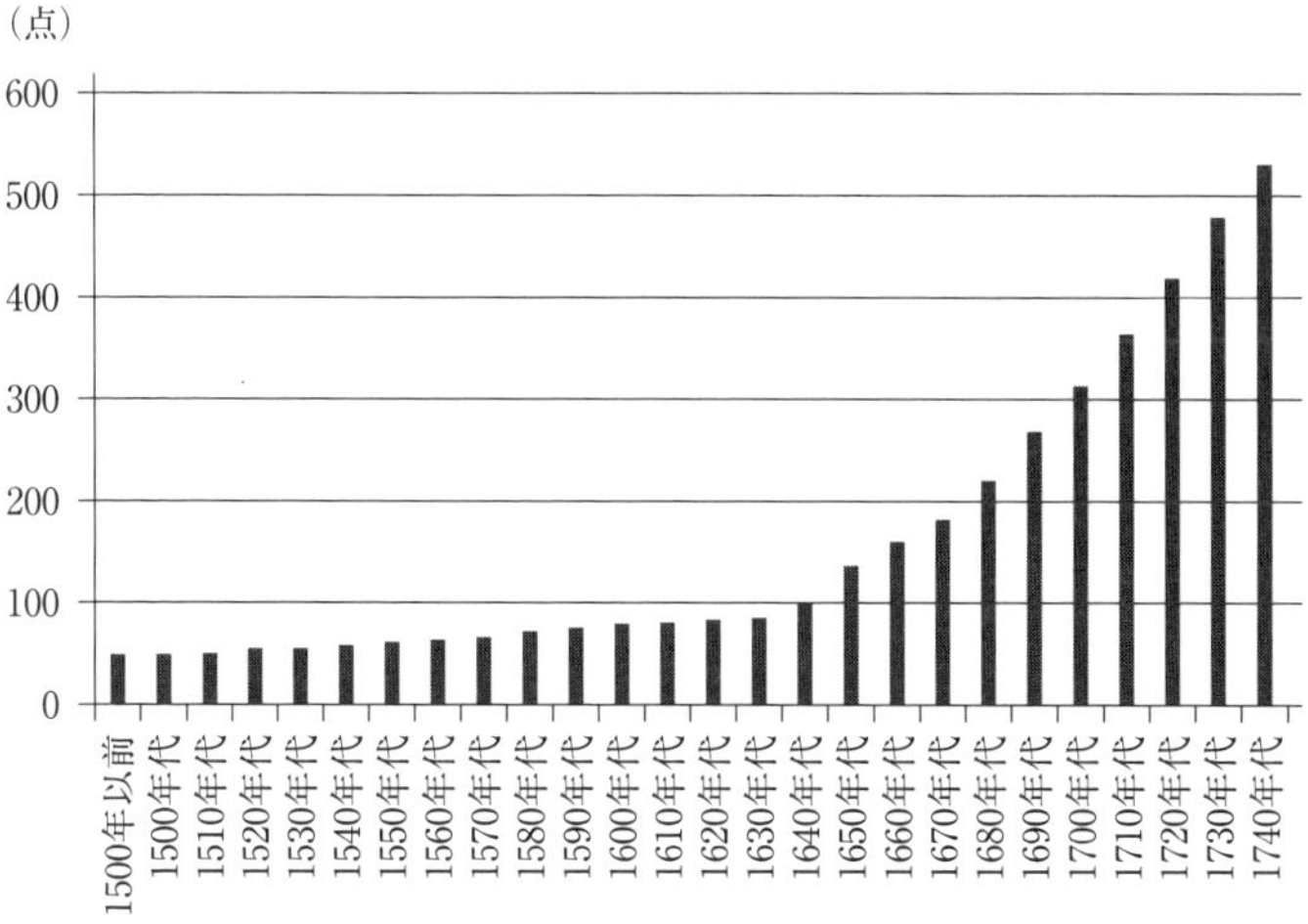

図9　往来物種類累加数推移（同前）

半ばごろには、五〇〇点を超える往来物が成立しているのである。このころになれば、民衆の間にも、多種多様な往来物が普及していたと考えることができるだろう。

以上は、あくまでも成立年代の判明しているものの動向である。また『往来物解題辞典』刊行後に発見されている新発見往来物は含まれていない。それでも、一七世紀中ごろという時代が、この国の往来物の歴史においてひとつの画期となっていることを確認することはできるだろう。それは、古往来の世界から近世往来物の世界へと、往来物の歴史が大きく転換していく動向を示すものでもあった。これ以後も往来物の種類は増大の一途をたどり、明治期の学校制度導入以後に、往来物史上における最大のピークをむかえることとなるのである。

目安往来物の位置

では、このような動向のなかにあって、目安往来物はどのような位置を占めるのであろうか。一連の目安往来物のうちもっとも最初に成立したと思われる「白岩目安《しらいわめやす》」が、訴状として作成されたのは寛永一〇年（一六三三）のことであった。この年に、白岩目安は幕府に提出されたのである。延宝四年（一六七六）には、その目安が往来物として流布していることが確認されている。すでに述べたように、この写本には、他の写本と異なる多数の異同がみられ、この時点ですでに多様な写本系統が存在していたことをうかがわせている。したがって、一七世紀後半のこの時期までに、すでに多数の往来物白岩目安が流布していたと思われるのである。一揆《いっき》終結の直後、もしくは終結以後それほどの時間を経ずに、白岩目安は往来物となっていた可能性もあるというのが、残されている写本の異同から得られた結論であった。

これらを、先に示した図と照合してみれば、白岩一揆が起こりそのなかで作成された白岩目安が往来物となっていく時期は、近世的な往来物の編纂が急激になされるようになっていく時期と重なっていることがわかるであろう。往来物は、一六四〇年代ごろから、急速にその種類を増大させていったのである。目安往来物が各地に普及していく過程は、このような往来物全体の歴史的動向と無縁ではないだろう。

しかしながら、目安往来物の発端となった白岩目安の往来物としての成立は、以上の往来物の全体史のなかでも、きわめて早期に属するものだといわなければならないだろう。一揆終結直後だとすれば、その成立は一六三〇年代ということになり、近世的な往来物がその種類を急激に増大させる以前の時期にあたる。また一七世紀中ごろとみても、グラフが急激に上昇していくその立ち上がりの部分に該当している。近世的な往来物が、まさに確立していく過程のなかで、白岩目安も往来物となっていったのであった。

このように考えてみると、白岩目安は、近世往来物のなかでももっとも早い時期に成立したもののひとつであったということができそうである。この時期の往来物の大半が、三都（京都・大坂・江戸）で成立したものであったことを考えれば、白岩郷のような地域で一七世紀中ごろに成立した往来物が、これほどまでに普及したという事実は驚くべきことといえよう。

学習教材としての目安往来物

目安往来物による学習

目安往来物学習の眼目

一群の目安往来物《めやすおうらいもの》は、なんのために、またどのように学習されていたのだろうか。「白岩目安《しらいわ》」をはじめとする目安往来物は、二〇〇年以上にわたって筆写されつづけてきたものでもある。したがって、そこにこめられた教育や学習の意図も、きわめて多様なものがあったと思われる。

筆者は、目安往来物に含まれる教育上の眼目として、少なくとも以下の三点を指摘しえると考えている。第一点は、文字学習のための教材であるということである。そもそも往来物自体が文字学習の教材である以上、これは当然のことでもある。他の往来物に比べてもきわめて長文である目安往来物には、多数の語彙や文章がもりこまれている。実用的な文章の読み書きを主眼とする近世の教育においては、恰好の教材となりえたであろう。

第二は、事件にかかわる歴史的事実についての教材であるということである。単に文字学習の教材というのであれば、ほかにも多数の往来物が存在していたのであるから、それらの往来物を使用することもできたであろう。わざわざ目安を教材とすることには、特別な意図があったはずである。そのような意図のひとつとして、目安が提出されるにいたった歴史的事実を後世に伝えるということがあったと思われる。とくに百姓一揆《ひゃくしょういっき》にかかわる目安においては、このような性格が色濃いと思われる。白岩一揆のように、三〇名をこえる処刑者を出したような事件は、当該地域の住民にとってはもとより、それ以外の地域の人々にとっても大きな衝撃であったはずである。白岩目安が告発する領主の悪徳ぶりも、読む者にとって興味深い内容といえるだろう。また、その目安が結果的に領主の改易《かいえき》をもたらすというドラマチックな事実経過も、白岩目安の場合、それが広範囲に普及した理由であったと考えられるのである。

第三に、訴状文例の学習という側面である。そもそも、近代以前の日本の文字学習は、なんらかの文書を作成するための範例学習が基本となっている。文字学習用教科書が「往来物」と呼称されていることに、端的にそれはあらわれている。往来する書状の範例というのが、「往来物」の語意でもあった。近世期になると、私的な書状だけでなく、奉公人《ほうこうにん》請状《うけじょう》や種々の証文などのような各種文書の文例が往来物の教材として取り上げられるようになる。訴状もまた、このような公文書のひとつということができるだろう。

以下、目安往来物の具体的な事例に即して、それらの学習場面について示してみることとしよう。

「義経状」と合冊された「白岩目安」

流布している目安往来物のなかには、それがどのような教材とみなされているかがある程度わかるものもある。まずは、島崎利博氏（山形市）が収集した白岩目安である（島崎本）。これは正徳元年（一七一一）の筆写年を記しており、往来物と確認できる白岩目安のなかで三番目に古いものである。この本の最大の特質は、「義経状《よしつねじょう》」という往来物と合冊《がっさつ》になっているというところにある。「白岩目安写」とする内題の後に「義経状」と記し、白岩目安本文の後に、「よしつねじやう」と題して全文が筆写されている。

ここで「義経状」とされているのは、一般に「義経含状《ふくみじょう》」と呼ばれている著名な往来物のことである。源義経がその死に際して、口にくわえていた陳情書ということから、「含状」とも呼ばれている（『日本教科書大系』往来編一一）。清盛に隔てられて以後、辺土遠国を住処としつつ、野に臥し山に伏し、また海上に風波の難を凌ぎ、敵の首を切り、家運を開いてきたと、その功績を主張している。梶原景時《かじわらかげとき》の讒言《ざんげん》により、これらの莫大な勲功をなきものとされることの不運を嘆き、梶原父子の首を切り、義経への手向けとされたい、と訴えている。

「義経含状」は、寛永二年（一六二五）に書かれたとされる「古状揃《こじょうぞろえ》」のなかに見いだされ、また寛永一九年には「初登山《しょとうざん》手《て》習《ならい》教訓書《きょうくんしょ》」と合冊されて刊行されている（『往来物解題辞典』）。義経の物語が普及するなかで、近世期に成立した往来物とみられているものである。なお、「初登山手習教訓書」は、手習いの心構えを、武士が合戦に臨むのと同じであると説いたものであり、室町末期までには成立していたと考えられる往来物である（前掲書）。「義経含状」のような著名な往来物と合冊されていることから、この島崎本「白岩目安」は、往来物であることが確実な写本となっているのである。

ところで、義経が書いた書状とされる往来物がほかにもある。「腰越状《こしごえじょう》」というものである。義経が鎌倉に入るために腰越に到着した際に書いた書状とされ、「義経含状」と同じように、梶原景時の讒言を非難し、兄への自らの忠心を訴える内容となっている。「平家物語」「義経記」などに収められているものを往来物としたものであり、室町後期までに成立していたと考えられている（前掲書）。

じつは、このように歴史上著名な人物や事跡について記したとされる書状が往来物となっているというパターンは、ほかにも少なからずみられるものであった。たとえば「弁慶状」などもそのようなもののひとつである。これは「義経含状」と同じ作者の手になるものと推定されている。「腰越状」と類似した表現が顕著であり、「腰越状」にもとづいて作成されたものとみられている（前掲書）。このほか、熊谷直実《くまがいなおざね》が記したとされる「熊谷状」、曽我《そが》兄弟の敵討ちについて記した「曽我状」、大坂冬の陣において徳川家康と豊臣秀頼の間で交わされた書状とされる「大坂状」などである。これらの古い書状を合冊したものとして「古状揃」と題する往来物が、一七世紀から刊行され、近世期には夥《おびただ》しい類書が生み出されていくこととなる。古い時代の書状という意味で、これらは「古状」と呼ばれているのである。一七世紀は、「古状」に仮託した歴史系往来物が本格的に展開していく時代でもあった。

さて、以上のことをふまえ、島崎本「白岩目安」が、「義経含状」と合冊されていることの意味を考えると、白岩目安がどのような往来物とみなされているかを想像することができるのではないだろうか。「義経含状」が、義経がその死に際して記した書状であるのに対し、白岩目安は、白岩百姓たちが、数多の犠牲者を出しながら酒井《さかい》長門守《ながとのかみ》忠重《ただしげ》を改易に追いやった書状でもあった。その意味では、白岩目安も、「義経含状」や「弁慶状」などのような「古状」の一種とみなされていたと考えることができるだろう。

ところで、島崎本には、白岩目安全文の後に、次のような歌が書き込まれている。

むらさきの色よりあかきよの中に長門は恥を杜若哉

杜若は、かきつばたである。したがって、長門が恥をかいたというのであろう。白岩目安によってその悪行を告発されている長門守が、紫の色のように清い世となった今にその恥を残した、という意味にとれる。

この和歌のすぐ後には、同筆とみられる筆跡で「正徳元年　卯　霜月」とする記載がみえるから、この歌が正徳元年に、この本の筆者あるいは使用者によって詠まれたものであることがわかる。詠者が、白岩百姓の処刑や、あるいは長門守のその後の顚末までを知っていたかは不明である。しかしながら、白岩百姓らの書いた目安が長門守の非を訴えることに成功していると感じていることは明らかであろう。

「義経含状」が、梶原景時の讒言を告発していたのと同じように、あるいはそれよりもはるかに切実なリアリティをもって、白岩目安は長門守の行状を告発するものであった。

ここには、白岩目安が「義経含状」と同じようにひとつの「古状」とみなされている様子をうかがうことができるのである。

「白岩目安」から「白岩状」へ

白岩目安がひとつの「古状」とみなされていたことは、写本のタイトルにも明瞭にうかがうことができる。これまで筆者が確認できた白岩目安の写本には種々のタイトルが付されているが、「白岩状」と題される場合がもっとも多い。五五本のうち一二本が「白岩状」(「白磐状」を含む)と題されている。そして時代が下るにしたがってこの傾向は顕著になる。現在確認されるもののうち、「白岩状」という表題の初出となっているのは寛延元年(一七四八)の写本であるが、一九世紀以後になると、ほとんどの写本が「白岩状」になる。また、「白岩状」と題する本は、現在の山形県のみならず秋田県、岩手県、福島県などにも広がっており、往来物としての白岩目安が、流布していく過程で、「白岩状」と呼称されるものであるということが共通の認識となりつつあったことがうかがわれるのである。

往来物の世界で、末尾に「状」の文字を付すものには、二種類の系統がある。ひとつは、これまでもみてきた「古状」の系統である。古い書状に仮託した歴史系教材ということができる。もうひとつは、地名を冠してこれに「状」の字を付す系統である。「仙台状」「南部状」などのようなものである。これらは、仙台・盛岡の地誌や産物を記した地理系往来物である。

「白岩状」も、地名を冠して末尾に「状」の字を付す点では、「仙台状」「南部状」と共通しているようにもみえる。「白岩状」が流布している地域が東北地方であることを考えると、あるいは、白岩目安が流布していく過程で、「仙台状」や「南部状」を模倣して「白岩状」と題されていった可能性もあろう。しかしながらその内容からみると、「白岩状」は、これらの地理系往来物とは明らかに性格を異にしており、むしろ、「義経含状」「弁慶状」などの「古状」に近接しているといえる。「白岩状」の表題は、白岩目安が「古状」に類するものであるとの認識のもとに付されたものと考える方がよさそうである。

このように、往来物「白岩目安」は、教材としては「古状」と呼ばれる、歴史系教材の一ジャンルと認識されていたと考えられるのである。このような歴史系教材には、義経や弁慶などをはじめとした著名な人物が扱われるのが普通である。白岩目安において、登場人物は名も知れぬ白岩百姓たちであり、その意味で、民衆が主人公となった歴史教材でもあった。このような教材が、ほかに類書を産み出しながら広く普及していったことは、近世の教育社会における民衆の存在感を示すものといえよう。

伊藤家の学習教材

山形県舟形町伊藤家には、「白岩状」を含む往来物一四冊が保存されている。伊藤家は、代々組頭《くみがしら》を勤めた家柄であった（『舟形町史資料集』四）。この伊藤家が所蔵する往来物の内訳は、以下のとおりである。単語や地名を含む短文を二行三字から三行五字程度に記した短文教材（六冊）、手紙文例（二冊）、「消息往来」「商売往来」「今川壁書《いまがわかべがき》」「佐々木帳」「弁慶状」「白岩状」。これらには、筆写年代や使用者の名前などが書き込まれているものも含まれ、それにより、伊藤家における学習過程の一端を知ることができるのである。以下、白岩目安がそのなかにどのような位置を占めるのかについて検討してみたいと思う。

まず、伊藤家が所蔵するこれらの往来物が、初歩教材から中級教材までバランスよく配されていることが指摘できる。このうちとくに短文・手紙文例などは、手紙作成に必要な短文を大字に記したものであり、いかにも手本らしい書きぶりである。おそらくは寺子屋の師匠が作成したものと思われる。

ところで、寺子屋における学習の過程には、全国的にみてある程度の共通性があったことが知られている。それは次のようなものであった。

いろは→数字→漢字（単字）→漢字（熟語・成語）→名寄《なよせ》→短句・短文→日用文章

これは、寺子屋におけるもっとも初歩段階の学習課程であり、とりわけ江戸後期以後の庶民教育において完全に定着していったものだとされている（石川松太郎『藩校と寺子屋』）。平仮名から始まり、単字・熟語・成語の順で漢字の書き方を学び、名寄にいたる。名寄とは、人名をはじめとする種々の語彙を羅列したものである。さらに文章を作成するための基礎となる短句・短文を学び、日用文章の文例学習にいたる。

近世期は、現在と異なり言文は一致せず、候文《そうろうぶん》という特殊な文体が使用されていた。したがって、この時代に文章を作成しようとする者は、文字だけでなく文体にも習熟しなければならなかった。短文は、この候文体の基本的な作り方を学ぶための教材だった。こうして身につけた知識をもとに、手紙文や証文類、あるいは公私にわたる各種文章の作成練習がおこなわれるのである。

文章作成の基礎が終わると、第二段階の学習としてようやく往来物の学習へといたる。すでに述べたように夥しい数の往来物が編纂されていた。寺子屋の師匠は、このうちから選択して教材として使用した。あるいはまた、家庭において往来物の学習がなされることもあったであろう。地理・産業・社会・歴史などをはじめとする数千種類もの往来物が、参照可能であったのである。

以上のような一般的な学習課程と伊藤家における往来物の構成を比較してみると、「いろは」などの平仮名教材を除く一通りの教材が残されていることがわかる。代々組頭を継承する同家の子弟が、おそらくは寺子屋などにも入門して文字を学んでいた痕跡を示す資料といえる。

短文教材や手紙文例などは、通常、寺子屋の師匠が自作して弟子に与えるものであったから、伊藤家のこれらの手本も近隣の寺子屋師匠に書き与えられたものだったのではないかと思われる。

往来物の種類

このような初歩教材と並んで、伊藤家には「消息往来」をはじめとする単行往来物の筆写本が六冊所蔵されている。「消息往来」は手紙をはじめとする各種の文書を作成するうえで必要な語彙についての教材となっている。「商売往来」は、近世往来物のなかでも最も普及した往来物であった。「凡《およそ》商売《しょうばい》持扱《もちあつかう》文字《もんじは》、員《いん》数取遣《ずうとりやり》之《の》日記《にっき》、証文《しょうもん》、注文《ちゅうもん》、請取《うけとり》、質入《しちいれ》、算用帳《さんようちょう》、目録《もくろく》仕切《しきり》之《の》覚《おぼえ》也《なり》」で始まり、商売に必要な語彙を列挙したものである。

乙竹岩造は『日本庶民教育史』中巻のなかで「寺子屋物語」という資料を紹介しているが、このなかに「名がしらと江戸方角と村の名と商売往来これでたく山」という歌が取り上げられている。当時の民衆の最低限のリテラシーを示すものとして、よく知られるものである。ここで「名がしら」は人名を、「江戸方角」は江戸の町名や寺社名などを、「村の名」は近隣の村名を列挙したものである。これらと「商売往来」を学べばそれで十分というわけである。このような代表的な往来物が、伊藤家にも所蔵されている。

「今川壁書」は、「今川状」とも呼ばれ、これも著名な往来物であった。のちに桶狭間《おけはざま》で織田信長に敗れる今川家の、南北朝期における先祖であり、九州探題《きゅうしゅうたんだい》にも任ぜられた今川貞世《さだよ》が、その子である仲秋《なかあき》に示した教訓とされている。先にみた「古状揃」にも収録されており、その場合、ほぼ例外なく冒頭に所収されているといわれる（『往来物解題辞典』）。一般に教訓科の往来物に分類されるが、「古状」のひとつとみなされていることをみれば、歴史的な教材とも位置づけえるものといえよう。

「佐々木帳」は、「佐々木状」あるいは「佐々木状絵抄」のことである。源頼朝の幕府創業を助けた佐々木家の一人である佐々木高綱《ささきたかつな》が、頼朝に梶原景時の弾劾《だんがい》を願った古状形式の往来物である（前掲書）。

「弁慶状」も、すでに触れたように、古状系往来物のひとつである。

以上のように、伊藤家には、「今川状」「佐々木状」「弁慶状」という、いずれも古状形式を踏んだ往来物が所蔵されているのである。「白岩状」も、白岩百姓たちの古い訴状であり、これらの古状系往来物の同類とみなされていたと考えられるのである。

ところで、これらの手本・往来物には、筆写年の記されるものがいくつかある。このうち最も古いものは、安永七年（一七七八）の「手本」（手紙文例）である。次に寛政一三年（一八〇一）の「書物一札」（手紙文例）。続いて文政一二年（一八二九）の「佐々木帳」、文政一三年の「白岩状」。最後に嘉永五年（一八五二）の短文手本、安政六年（一八五九）の「商売往来」と続いている。これをみると、およそ二〇年から三〇年ごとに手本・往来物が残されていることがわかる。これは、伊藤家における世代交代と若年世代の登場を示すものと思われる。

「白岩状」は、「佐々木帳」の翌年に学ばれたものであった。「佐々木帳」には「石川氏此主伊勢吉」と記され、他方「白岩状」にも「此主伊藤庄五郎内伊勢吉」と記されている。伊勢吉は、伊藤家の子息の幼名とみられる。同一人物が、「佐々木帳」と「白岩状」の両方を学んでいることが確認されるのである。以上から、伊藤家の子息が、古状のひとつとして「白岩状」を学んでいた様子をうかがい知ることができるのである。

以上のように、白岩目安が「白岩状」などと題されて普及していったのは、それが、白岩一揆にかかわる歴史教材として位置づけられていたからであったと考えられるのである。その内容は、文学的な物語性を帯びた「義経含状」や「弁慶状」などと異なり、事実に基づいたものであった。その意味では、古状系往来物以上に、歴史教材らしいものであったともいうことができるだろう。白岩百姓らが主人公となる歴史教材を、近世の人々は自らの手で作成し、普及させていたのであった。

「白峯銀山目安」の学習

「白峯銀山目安《しらぶぎんざんめやす》」では、宝永五年（一七〇八）の写本が、現在確認されるもののうち最古の往来物となっている。これは小泉吉永が収集された写本である（小泉本）。伝来は不詳であるが、以下の図10に示すように、会津《あいづ》側からの訴訟に対する越後《えちご》側の返答書であり、表紙に「穴地新田《あなじしんでん》」「安藤」などの記載がみえる。越後国魚沼郡《うおぬまぐん》穴地新田村（現在の新潟県南魚沼市）の安藤氏の旧蔵と思われる。

図10の下段は表紙の見返しであるが、これを学んだ子どものものとみられる筆跡で落書きをしてあるのがみえる。なお穴地新田村は、白峯銀山をめぐる争論の当事者ではない。一八世紀初頭には、紛争当事者以外の地域にも広く往来物としての白峯銀山目安が流布しているのを確認できる資料である。

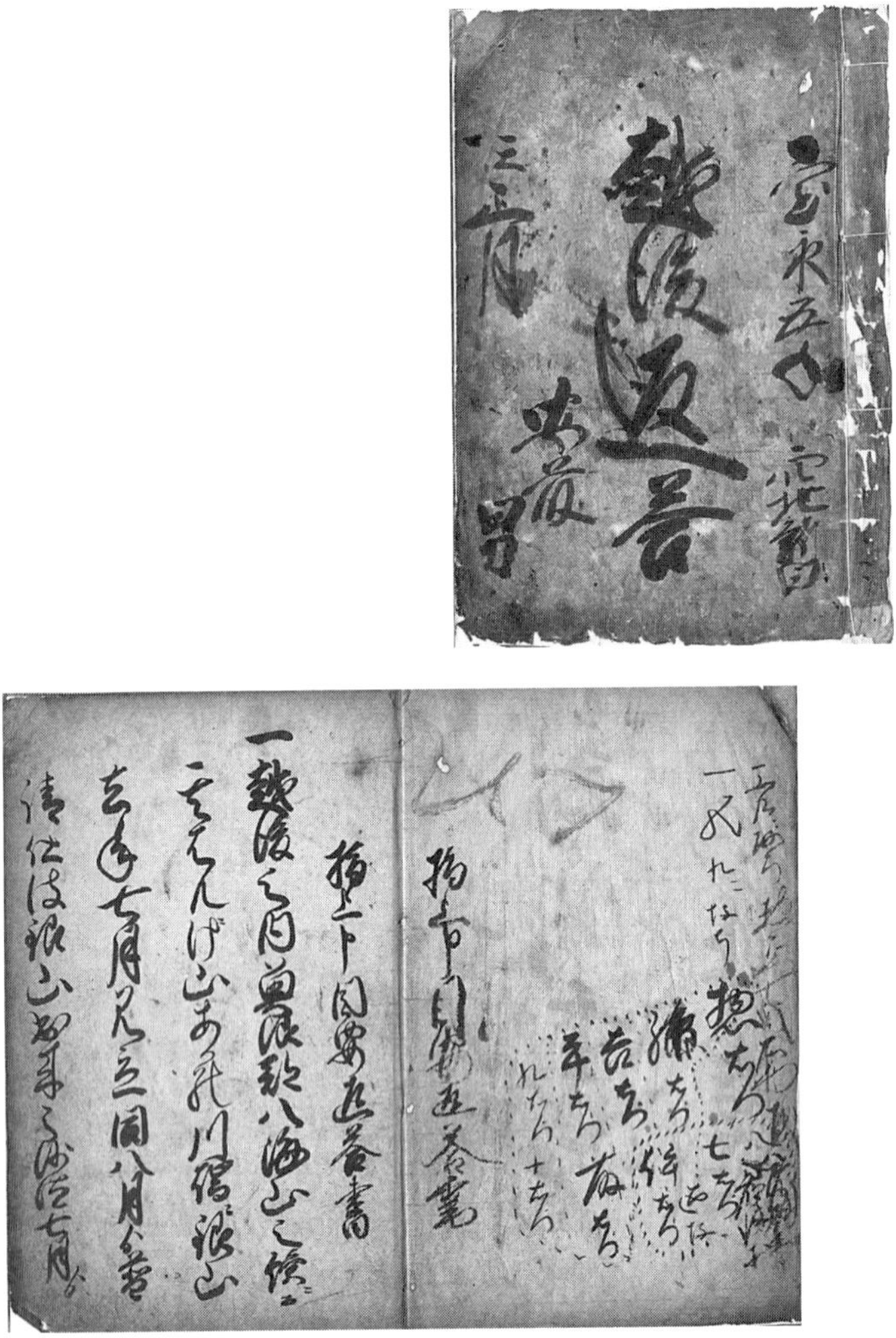

図10　「白峯銀山目安」宝永五年写本の表題（上）と見返し（下）（小泉吉永所蔵）

白峯銀山目安の往来物で、次に古いのは新潟県十日町市の岩田家に伝わる写本である。図11にみえるように、宝永六年二月に筆写されたものである。先に示した小泉本の翌年ということになるが、岩田本では、「奥州《おうしゅう》会津目安」とそれに対する反駁書《はんばくしょ》となる「越後銀山返答」の両方を収載している。同書の裏表紙には、「魚沼郡妻有組《つまりぐみ》　菅沼村《すがぬまむら》　岩田杢之丞」と記載されている。杢之丞は、幼名と思われる。岩田家の子息が使用して学んだものであろう。

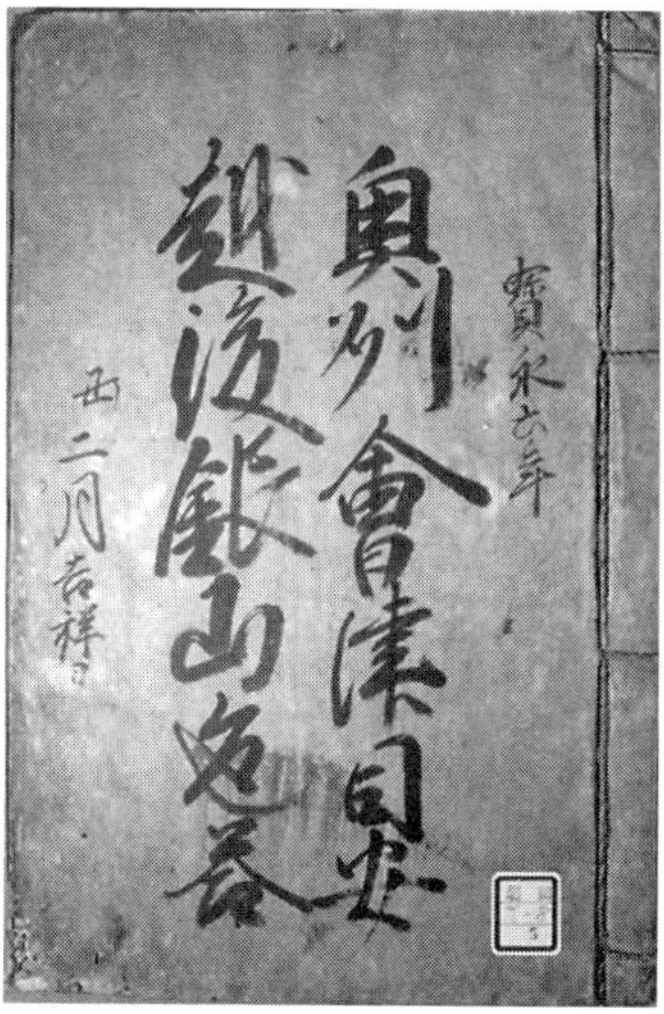

図11　岩田家「白峯銀山目安」
（岩田利夫所蔵）

岩田家には、ほかにも多数の往来物が所蔵されているが、宝永年間の筆写であることが記されたものとして、「五人組帳」「二《に》条教訓《じょうきょうくん》之《の》状《じょう》　熊谷進返状《くまがいしんぺんじょう》有」という二冊の往来物がある。このうち前者には宝永六年二月、後者には宝永七年一月の筆写年が記され、その両方に岩田杢之丞が持ち主であることが記されている。これらから、杢之丞が、宝永六年から七年にかけて、これらの往来物を学んでいることが確認されるのである。

「五人組帳」は、「五人組帳前書」のことであり、五人組が遵守すべき規則を列挙したものである。岩田家の本では末尾に「何村庄屋何左衛門　同村与頭何右衛門　同村長百姓何兵衛」と記されており、この本が「五人組帳前書」のひな型文書であることを示している。将来村役人となる者が学ぶべき教材であったということができよう。

「二条教訓之状」は、「二条関白《かんぱく》教訓之状」のことであり、「関白状」「二条関白教訓状」「摂政《せっしょう》関白《かんぱく》太政《だじょう》大臣《だいじん》教訓書」などの異称を有するとされている（『往来物解題辞典』）。二条関白なる人物に仮託して各種の教訓を示したものである。『往来物解題辞典』では享保一八年（一七三三）の筆写本を現存最古として記し、その後、小泉吉永の主宰するホームページである「往来物倶楽部」に、新発見往来物として正徳六年の筆写本が紹介されている。岩田家の「二条教訓之状」は、それよりもさらに六年古いものであり、同書が越後地域にも普及している様子を明らかにしている。

「熊谷進返状」は「熊谷状」のことであり、著名な古状系往来物のひとつである。「源平《げんぺい》盛衰記《じょうすいき》」をもとにして作成されたものであり、平敦盛《たいらのあつもり》の死をめぐる、熊谷直実と敦盛の父経盛《つねもり》の往復書状から構成されている（前掲書）。岩田家の写本では、図13にあるよう

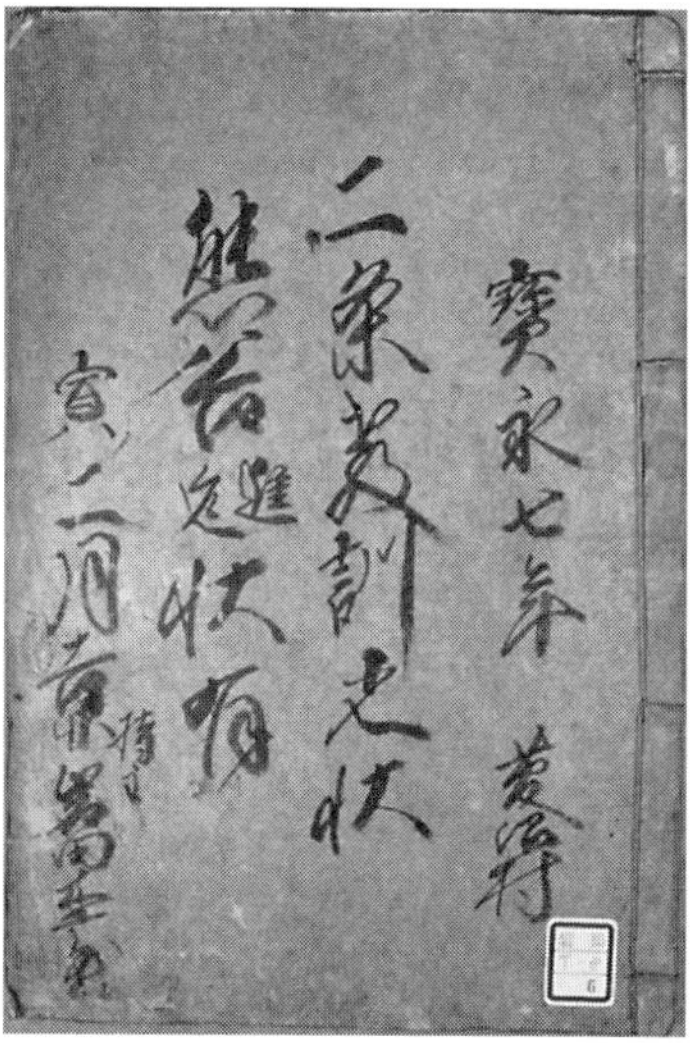

図12　岩田家「二条教訓之状熊谷進返状有」(同前所蔵)

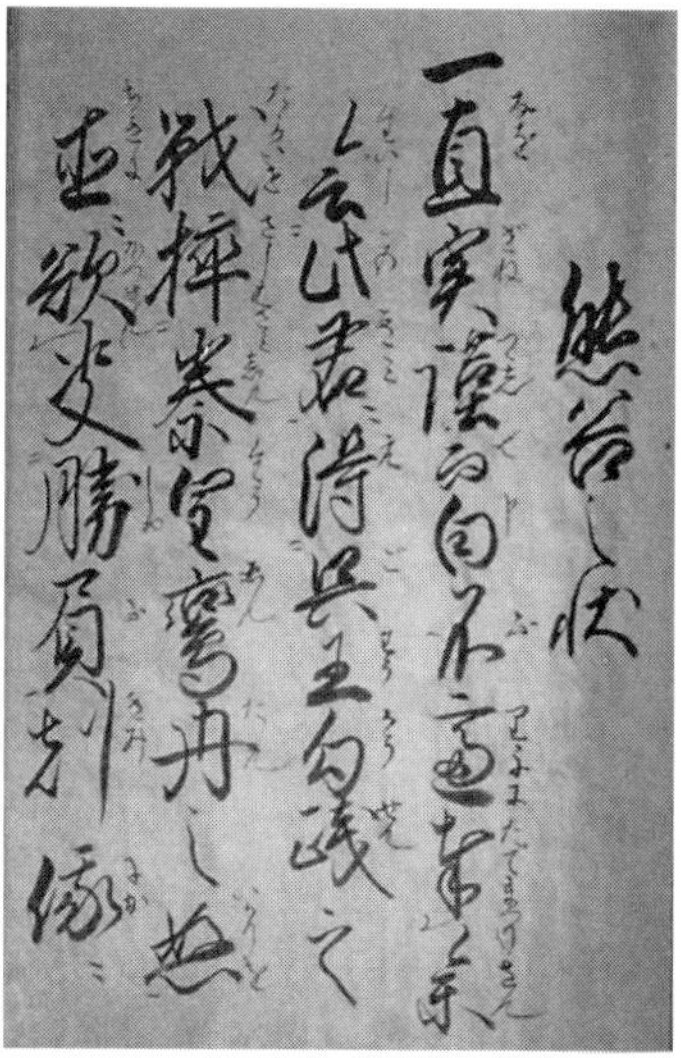

図13　岩田家「熊谷之状」の冒頭(同前所蔵)

に、総振り仮名が付されている。

以上のように、岩田家の子息杢之丞は、宝永六年から七年にかけて、これらの往来物を学習していたのである。「奥州会津目安　越後銀山返答」（白峯銀山目安）は、白峯銀山をめぐる大規模な争論と訴訟にかかわる歴史についての教材であると同時に、訴状作成のための範例ともなりえる教材であった。村役人が作成する文書範例としては「五人組帳」と、歴史教材としては「熊谷之状」と共通した性格を有していたということができるだろう。

「羽倉《はくら》目安」についてもみておこう。

「羽倉目安」の学習

筆者が確認しえたもののなかで、最古のものとなっているのは、小泉吉永収集の「信州《しんしゅう》森村《もりむら》へ寺石《てらいし》より目安」と題する写本である。書体から、往来物であったと思われる。図14にあるように、享保九年二月に筆写されたものである。羽倉村《はくらむら》の冨津三蔵が持ち主であるが、その伝来は不詳である。紛争当事者であった羽倉村の者が所持していたことがわかる写本である。

新潟県津南町の森口家には、羽倉目安のほか、多くの往来物が所蔵されており、同家における学習の一端を知ることができる。

森口本「羽倉目安」には、末尾に次のような記載がある。

干時慶応二丙寅年　二月吉日　宮野原村　森口仲三郎　書

慶応二年（一八六六）二月に、森口家の仲三郎という人物が書いたというのである。この森口仲三郎の名前は、ほかの往来物にも見出すことができるものである。いま、同家所蔵の往来物のうち、「森口仲三郎」もしくは「仲三郎」の記載のあるものを列挙すれば、表4のとおりとなる。

図14　「羽倉目安」享保九年本
（小泉吉永所蔵）

表4　森口仲三郎名往来物一覧

書　　名	名　　前	筆写年（西暦）
五人組前書全	森口仲三郎	文久元（1861）
庭訓往来　下	森口仲三郎	文久２（1862）
御成敗式目	森口仲三郎	文久２（1862）
證文手本	森口仲三郎	文久２（1862）
孝行往来	森口仲三郎	文久３（1863）
手紙之文	森口仲三郎	慶応元（1865）
羽倉目安	森口仲三郎	慶応２（1866）
消息往来	森口仲三郎	不　明
童 子 教	森口仲三郎	不　明
商売往来并官名全	仲 三 郎	不　明

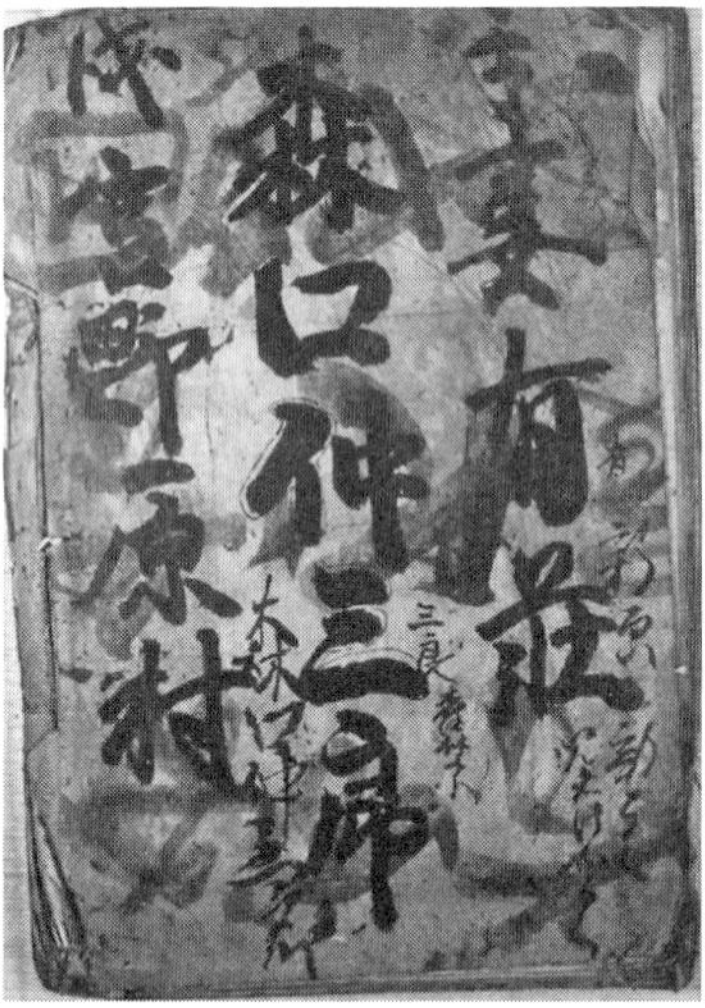

図15　森口仲三郎「證文手本」末尾
（森口幸友所蔵）

いちいちの説明は省略するが、以上はいずれも代表的な往来物である。学習の段階としては、初歩的な手習いをひととおり終了した者が読む中級段階の教科書といってよいだろう。文久元年（一八六一）から慶応二年までのあいだに、森口仲三郎はこれらの往来物を学習していたことがわかるのである。

図15は、このうちのひとつである「證文手本」に記された落書きとみられる「森口仲三郎」の文字である。同様の記載は「消息往来」にもみられ、仲三郎がこれらを学習した痕跡となっている。仲三郎は、初歩的な手習いを終えて、これら中級の往来物を学習する年齢となっていたものとみられる。

ところで、森口家所蔵の往来物には、作成者の名前と思われる記載のみえるものもある。図16は、その一例である。「孝行往来」の奥書であるが、ここに以下のように記されている。

文久三癸亥歳仲春
龍晶堂
六十一歳書之
持主
森口仲三郎

これによれば、この本を筆写したのは龍晶堂と名乗る人物であった。六一歳の時にこれを筆写して仲三郎に与えたものであることがわかる。同様の記述は、「庭訓往来　下」にもみえる。あるいは寺子屋の師匠かとも思われるが、詳細は不詳である。

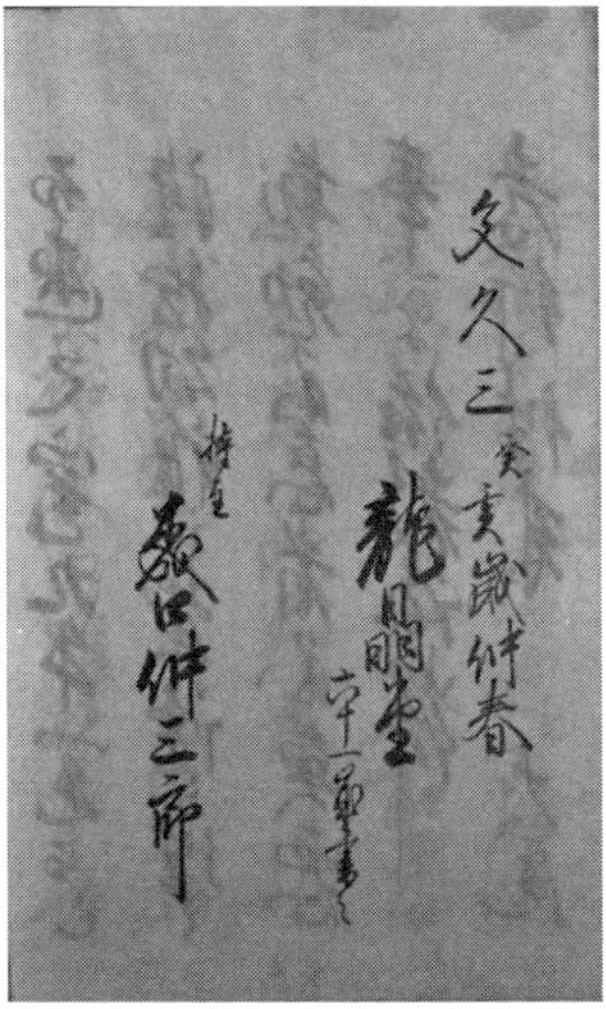

図16　森口家「孝行往来」奥書（同前所蔵）

ともあれ、文久期から慶応期にかけて、森口仲三郎はこれらの往来物を学んでいたのであり、それに続いて「羽倉目安」をも筆写していたのである。宮《みや》野《の》原村《はらむら》は、羽倉村とは直線距離で一キロにも満たない近隣地域であった。地域の歴史にかかわる教材として、幕末期にいたるまで学習されていたことが知られるのである。

以上のように、目安往来物は、その他の往来物などとも組み合わせられ、各地で学ばれていたのである。本書では紹介できなかったものの、学習の痕跡をとどめている目安往来物はほかにも多数ある。一七世紀に始まるその学習は、幕末期あるいは明治期にまで継続していたのである。

目安往来物の収束

収束の理由

本書では、目安往来物《めやすおうらいもの》という特異な一群の資料をもとに、実力行使の世界から訴訟と裁判の世界へと転換するなかで生きた人々の歴史について、ささやかな考察をしてみた。その一群の資料は、東北地方の広い範囲にわたり展開し、新潟県と長野県にまで及ぶ分布域を有するものであった。地域で独自に編纂され、筆写のみで普及した往来物としては、きわめて生命力の強いものであったといわなければならないだろう。

しかしながら、目安往来物となったのは一七世紀の目安だけであり、それ以上の展開力を示さなかったこともまた事実である。このことに触れなければ、目安往来物の評価として正当とはいえないだろう。最後に、この点について述べておきたい。

目安往来物がなぜ成立したのか、いうまでもなくそれは、目安が作成されることとなった事件そのものが人々にとって大きなインパクトを有していたということと深く関係しているだろう。事件をめぐる強い衝撃が、事件において作成された目安を往来物として後世に継承するという行為へといたらせたものだったと思われる。一連の目安往来物の発端となったのは白岩一揆《しらいわいっき》と、そこで作成された「白岩目安」であった。一七世紀中ごろには、すでに往来物としての白岩目安が成立し、各地に伝播していたと考えられる。その影響下に、次々と目安往来物が成立していったのではないかと筆者は考えている。

こうして成立し普及していった目安往来物は、長期にわたって継承されていった。その過程で、目安往来物はさまざまな文脈で学ばれたものと思われる。すでに述べたように、筆者は、目安往来物の教育上の眼目として三つの側面があったと考えている。あらためて確認しておけば、それは以下の三点である。①文字そのものについての学習、②歴史教材としての学習、③訴状という文書の範例についての学習である。

じつは、ほかならぬこのことこそ、目安往来物が一定の範囲で収束していった理由ではないかと思われるのである。というのは、これら三つの要素は、そのいずれもが近世期を通じてそれぞれ独自な成熟をとげたものだったからである。

教材の多様化

まずは、目安往来物第一の要素について検討してみよう。目安往来物が成立したのは、往来物の歴史のなかでも、近世的な往来物が形成されつつある時代であった。やがて、商業出版の隆盛と寺子屋の普及のなかで、近世後期には数千種類もの往来物が編纂されていくこととなる。実物の書状、あるいはそれにみたてた文書を使用した文書作成学習ということこそ、往来物の原型であったが、次第に初学者向けの教材としての工夫がされていくようになり、寺子屋における教科書として多様な発展をとげたのが近世往来物の世界であった。実物の文書による学習は、初歩的な学習を終えてから、それぞれの身分や職業のなかで、必要に応じて学習されるものとなっていった。地域には、各種の実物文書が無数に存在したであろうが、初学者がそのようなものを教材として使用する必要性は小さいものとなっていったと思われる。目安往来物は、ひとつの典型的な実物教材といいえるだろうが、近世往来物の展開のなかで、文字そのものの教材としては、その役割を終えていくこととならざるをえなかったと思われるのである。

一揆の文化

目安往来物がこれほど長期にわたって継承されたもっとも大きな要因は、第二の側面にあったと思われる。歴史教材としての学習という側面である。

とくに「白岩状」や「松川状《まつかわじょう》」などといった表題は、古状系往来物としての性格が明瞭にうかがわれる命名の仕方である。古い一揆目安が、古状として往来物の一ジャンルを形成する可能性もあったのではないかと思われる。

近世には無数の百姓一揆が起こったから、このような素材には事欠かなかったはずである。しかし一揆目安が古状系往来物として大展開をとげることはなかった。なぜなのだろう。筆者は、百姓一揆にかかわる文化が、近世期においてより洗練された形で開花していったからではないかと考えている。義民《ぎみん》物語や百姓一揆物語などが、文学や芝居あるいは口承のかたちで発展をとげるのである。すでに述べたように、保坂智の『近世義民年表』によれば二〇〇〇人もの義民が語られてきたのである。各地に、現在も多くの義民碑が残っている。人々の心を惹きつける力が、いまなお義民物語のなかに生きつづけていることを示すものといえよう。

このような百姓一揆にかかわる文化と比較したとき、一揆において作成された目安を読むという型式は、じつに地味なものである。そこには、佐倉惣五郎《さくらそうごろう》の物語などに典型的にみられる、英雄的な自己犠牲や機知に富んだ術策などは登場しない。込み入った事実が淡々と述べられているにすぎない。複雑な計算をなしえなければ理解できないような内容さえも含まれているのである。それはあたかも、実証史学が扱うひとつの資料のような存在であった。一揆にかかわる諸文化が隆盛していくと、一揆において作成された目安というものは、一揆の歴史を語るひとつの素材にすぎないものとなっていったことだろう。

一揆の文化だけではない。近世期には、由緒《ゆいしょ》や地誌など、家や村あるいは地域の歴史にかかわる多様な文書や書籍の編纂がなされていったことが明らかにされてきている（久留島浩・吉田伸之編『近世の社会集団―由緒と言説―』、井上攻『由緒書と近世の村社会』、岩橋清美『近世日本の歴史意識と情報空間』など）。歴史を語るさまざまな素材を、人々は収集・保存・作成し、あるいはそれらを学習するようになっていった。このようななかにあって、目安をはじめとする村政にかかわる各種の文書は、より体系的に収集・保存され、必要に応じて閲覧されるべき一資料となっていったのである。

以上のように、一揆にかかわる文化も、家や村の歴史にかかわる文化も、近世期において大きな展開をとげる。このようななかにあって、目安往来物は、一定の広がりを持ちつつもローカルな事例にとどまるものとなっていったのではないかと思われるのである。

訴訟制度の整備

目安往来物の第三の要素、すなわち訴状文例としての学習という側面についてはどうであろうか。村役人ともなれば、年貢減免の願書をはじめとする種々の嘆願書の類は、ある程度は自力で作成できなければならなかったはずである。そのようなときに使用される用語や慣用表現、あるいは説得的な書き回しなどについて習熟しておくことは、村役人にとって必要なことであったと思われる。奥能登時国家《おくのときくにけ》における元禄期の手習本《てならいぼん》には、このような必要に備えた教材が用意されていたことが報告されている（橘川俊忠「史料としての手習本」）。このなかには、「この三、四年餓死するような状況が続いており、人民は大変難儀をしているので、食料の手当てをお願いしたい」とか、「干害となっていることを哀れと思い、お慈悲により年貢の減免をお願いしたい」などといった文例が含まれているという。これを紹介した橘川は、以上の文例とよく似た文言は、能登の地方文書のなかに実際に数多くみられるものでもある、百姓の困窮を訴え年貢減免などを求める訴状の表現は、このように手習本の文例となるほどに定型化しているのであるから、訴状がそのまま事実を物語っているとはかぎらないと述べている。このような文書作成上の知識は、村役人クラスの人々にとって、常に必須であったと思われる。

本書において取り上げた銀山をめぐる争論において越後側が提出した目安などは、藩も関与しながら作成されたと考えられるものであった。したがって、以上のような訴状の範例としては申し分のないものであったと思われる。

しかしながら、近世社会の展開のなかで、訴訟に関する実務的な知識や能力は、より体系的な形で蓄積していった。村請制《むらうけせい》のもとで長く村政をおこなっていけば、村役人の家にはぼう大な文書が保存されていくこととなる。なかには「目安帳」などと称して、訴願や訴訟において提出あるいは受理した訴状類をとりまとめた冊子を体系的に保存している事例などもみられる（八鍬友広『近世民衆の教育と政治参加』）。訴訟にあたって参照しえる知識や情報が、さまざまな形式で蓄積していったのである。

他方で、訴訟の手引きをするような組織も各地に設置されていくようになる。郷宿《ごうやど》である。郷宿とは、役所の近くに設けられた宿のことであり、役所に用事のある人が逗留する場所であった。この郷宿が、人々の訴訟の手引きをしていたことはよく知られている。近世期には、訴訟にあたって利用しえるこのような組織が整備されていったのである（瀧川政次郎『公事師・公事宿の研究』、岩城卓二「近世中後期の村社会と郷宿・用達・下宿」、同「日本近世の行政・裁判をささえる郷宿」）。

さらに、訴状作成用のマニュアル書のようなものも存在していた。瀧川政次郎は、大坂地域で確認される「秘下会」「願書案」「大坂表訴願案文」などと題する訴状ひな型集を紹介している（瀧川前掲書）。瀧川は「秘下会」を「ひかえ」（控え）と読んでいるが、そのとおりであろう。

同様のものが、越後水原代官所管内《えちごすいばらだいかんしょ》（新潟県阿賀野市）においても確認されている。「公聴集全」「水原府公聴集全」と題する二冊の書籍である。新潟県立図書館に所蔵されるこれらの写本には、「越後中条須貝吉兵衛用」と記され、瀬戸物商を営んでいた須貝家において使用されていたものであることがわかる（八鍬前掲書）。その書名からも明らかなように、同書は、水原代官所にかかわる訴状文例集である。このなかには、「当国は、土用明けより急に冷気が進み、七月下旬以後に好天であることが稀な地域である」とか、あるいは「阿賀野川《あがのがわ》付近の村々においては、土用明けから秋にかけて雨天続きにより洪水も多く、耕地も水腐れしてしまう地域である」などといった、いわば嘆願のための決まり文句ともいうべき例文がいくつも掲載されているのである。前述の時国家における手習本のごとくであるが、それよりもはるかに体系的に用意された訴状文例集となっている。もともとは郷宿などが備えるべき書冊であったと思われるが、このような訴状ひな型集が地域のなかに流布している状況をうかがわせている。

このように、「訴の時代」ともいわれる近世社会においては、訴訟のためのノウハウが、多様な形で社会のなかに構築されていったのであった。

以上のように、目安往来物のなかに含まれていると考えられる三つの要素は、そのいずれもが、近世社会の歴史的展開のなかで成熟を遂げていったのである。成熟したそれらの諸文化の様式に比べれば、過去の事件にかかわる目安をそのまま学習するという様式は、きわめてプリミティブなものであったということもできるだろう。その意味では、目安往来物というものは、一七世紀を出発点として、いまだこれらの諸要素が十分に成熟する前の時代の要請にこたえるものであったということができるかもしれない。

目安往来物の歴史的役割

そもそも、往来物となった一連の目安は、いずれも一七世紀に作成されたものであった。「黎民《れいみん》百姓《ひやくしよう》御《ご》訴《そ》訟状《しようじよう》」をもこれに加えれば、一六世紀にまで遡及されることとなる。その意味では、これらの目安が成立し、また往来物となっていくのは、訴訟を問題解決の中核とする近世的な社会というものが確立していく過程のなかの出来事であったということができるだろう。近世社会の成熟のなかで、それは、いわば歴史的役割を終えていったのだということができるかもしれない。

とはいえ、このような往来物が成立し、近世期を通じて長く継承されていったことの意義は小さくない。それは、実力行使や合戦などがあたりまえであった時代から、裁判と訴訟とによって問題を解決する時代への転換のなかで、人々が、自らの生存や利益を守ろうとして生み出したものだったのである。東北と越後・信州などにまで及ぶ地域において、長きにわたりそれらは学習されてきた。

民衆自身を主人公とするこのような教材を作り出し継承してきた人々の事績が、本書を通じて少しでも知られるところとなればと願っている。

一揆の力——エピローグ

ノーベル平和賞を受賞したオバマ前大統領も、銃規制の本格的な実施には結局ふみこむことができなかった。乱射事件が起こるたびに、国論を二分する議論となるものの、国民の武装する権利を、かの国ではやはり規制できないのである。

銃規制と刀狩令

このことについてアメリカの知り合いと話をすると、反応は二様である。銃規制さえできないアメリカという社会を嘆く反応と、国民に認められた武装する権利であるとして、あくまでもそれを主張する反応と。筆者のごく個人的な体験としては、憲法に保障された権利だと主張する声の方が強かったかもしれない。アメリカ滞在経験のある友人に聞いても、おおむね同じであった。もしかするとそれは、そう主張する人の数ということではなく、国民の武装する権利という主張そのものに対する、筆者自身の戸惑いのせいなのかもしれないのだが。

日本では、刀狩令によって一五八八年にすでに規制済みです、そう話して聞かせたら、どんな反応をするだろうか。それは素晴らしい、と言うだろうか。あるいは、そんなに長く人民の権利を阻害してきたのかといって怒り出すだろうか。もちろん、そんな冗談を、本当に言ったわけではない。しかし、天正一六年（一五八八）の刀狩令には、確かに以上の両方の側面があるように思われるのである。

豊臣秀吉の刀狩令については、これを、権力による民衆の完全なる武装解除であり、支配の貫徹とみなすこともできる。百姓が武具などを所持していれば一揆《いっき》を起こすことになる、というのが刀狩令第一条に示されたことであった。したがってこれは、一揆の禁圧を目的としたものであり、それを実体化する施策として武装解除があったと理解するのも、不自然な解釈とはいえないだろう。

しかし半面、刀などを所持しなくてもよい状態、つまりは平和な状態というものは、当の民衆自身が望んでいたことでもあったに違いない。それゆえ、刀狩は「国土安全万民快楽の基」とされ、これにより「百姓は農具さえ持って耕作をしていれば、子々孫々まで長久になるのだ」と刀狩令第三条に述べられているのである。藤木久志がいうように、その意味で刀狩令は、武力による問題解決という慣行がもたらす惨禍《さんか》から百姓を解放するものでもあったのである（藤木『豊臣平和令と戦国社会』）。

このように、一揆を禁圧して民衆の武装する権利を制約すると同時に、それによって平和をもたらすもの、それが刀狩令であった。

一味同心

では、刀狩令によって禁圧されることとなった中世の一揆とは、どのようなものであったのだろうか。勝俣鎮夫の『一揆』や、入間田宣夫の『百姓中状と起請文の世界』に生き生きと描かれているように、中世において一揆とは、強固に結束したきわめて自律的な集団のことであった。このような特殊な結束は、「一味神水《いちみしんすい》」という手続きによって実現するものであったが、そのようにして成し遂げられた連帯は「一味同心《どうしん》」とも呼ばれていた。

一味同心の状態をもたらすという一味神水の手続きは、以下のごときものである。まず一同の誓約を起請文《きしょうもん》と呼ばれる誓約書に記し、それを火にくべる、そして神前に供えた水にその灰を混《こん》じて、皆で回し飲むというものである。起請文には、多数の神仏の名前が書かれている。それらのすべての神仏に対して、決して背かぬことを誓い、万が一違背の際は、ありとあらゆる神罰仏罰を、毛穴ひとつごとに蒙《こうむ》るべしということが書かれているのである。それは、見る者をして身の毛のよだつ思いにさせる光景であったという。神仏の存在感が今日とは比較にならない当時、こうして交わされた誓約を違えることは、きわめて困難なことであったに違いない。

以上のようにして結集する集団というものが、強固な結束を実現したであろうことは容易に想像されるところである。こうして創出された集団こそ、中世の一揆だったのである。それゆえ一揆は、強い自律性を発揮することとなった。上位権力といえども、神を媒介として結束するこれらの集団を容易に屈服させることはできなかったのである。

勝俣によれば、一味同心は、中世寺院においておこなわれていた僧侶の自治のなかにもみられるものであった。中世寺院には独特の会議法があり、最終的には「多分《たぶん》の儀《ぎ》」と呼ばれる多数決により議決した。会議には必ず出席しなければならず、また評決にいたるまでになされる議論においては、所存を残してはならないとされていた。すなわち、権門勢家《けんもんせいか》（権勢のある家柄）に憚して言うべきことを発言しないでいてはならないというのである。さらに会議に出席するにあたっては袈裟《けさ》で頭を隠し、鼻をおさえて声を変えて発言しなければならないとする決まりもあったという。

以上のように、一味同心は、世俗権力に対して強固な抵抗をなす自律的な集団を創出したと同時に、集団内においても一人ひとりの強い自律性を求めるものであった。それはあたかも、今日私たちが「自由」とか「民主主義」などとしてイメージするもののようでさえある。少なくとも、そのようなものへと成長していく可能性を感じさせるものがある。

一揆の禁圧

ところが、近世になるとこのような一揆は完全に禁止されることとなる。一揆徒党《ととう》を組むことはいうまでもなく、神水を呑むという行為自体が許されないものとなるのである。神を媒介として結束する強固な集団は、壊滅させられていくのである。

プロローグにおいて述べた、自力救済《じりききゅうさい》の世界から公権的平和の世界への転換というものは、具体的にはこうして成し遂げられたのでもあった。このことを、私たちはどうみたらよいのだろう。

尾藤正英は、それまでの学説が、近世国家体制の成立過程を、強大な権力による村や町の自治・自由の圧殺の過程として説明してきたと批判している。中世末期に発達した「自由」や「自治」と対比させて、近世をその「自由」が抑圧された時代とみる考え方は、現代に生きる私たち自身の社会意識を過度に投影したものであるというのである。そして、自由とは、反面からいえば、不安定のことであり、堀をめぐらせてまで集落を防衛しなければならないような状況が、当時の人々にとって望ましいものであったはずがないとも述べている（尾藤『江戸時代とはなにか』）。

中世の人々が、神水を呑んでまで結束しなければならなかったのは、暴力が横行し、武力がものをいう現実が展開していたからにほかならない。このような世界でおこなわれる連帯というものが、今日の私たちの目に「自由」や「自治」として映るとしても、当時の人々は、それどころではない過酷な状況に置かれていたというのである。

戦国大名や徳川幕府などによる裁判権の集中によって、このような状況は克服されていくのであるが、しかしそれは、単なる専制支配の貫徹として実現していったものなどではなく、新しい社会の規律が確立する過程にほかならず、一揆などの形で進められてきた「下から」の新しい秩序を希求する運動のひとつの帰着点として位置づけられるものでもあったと尾藤は述べている。

近世社会の水準

ここで想起されるのは、本文中においても取り上げた深谷克己の「百姓成立」論である。深谷は近世への移行を「法的機構的支配へ向かっての歩み」としてとらえている。そのうえで、幕藩体制とは、百姓を領主の私物のようなものとしてではなく、公的あるいは公法的なものとして位置づけることを自ら宣言し、それが社会の津々浦々までゆきわたった社会であったとしているのである（深谷『百姓成立』）。

したがって中世的な一揆の解体も、単なる専制の貫徹ではなく、このような公法性の増大と表裏の関係にあったととらえられよう。そのようにして成立した社会にあっては、自らの生命・財産を防衛するのは、深くめぐらされた堀や武器などではなく、自ら自身の公法性であり、またそれにもとづいて為される訴訟となっていく。その意味では、刀狩に始まる民衆の武装解除と、公権的平和の維持主体としての近世国家の形成は、中世社会とは異なる社会的水準へといたるひとつの過程であったともいえよう。

いまでは、近世社会を、単純に専制支配におおわれた暗黒の世界とみなす研究者は少ないであろう。近世期、とくに一七世紀において人口と耕地面積は急激に増大した（速水融・宮本又郎編『経済社会の成立』）。文字や教育の普及も著しい。文書《もんじょ》の量的増大は測定不能なほどであり、その書き手の大部分は農民や町人であった。領主たる武家の文書よりも、村方文書や町方文書、商人文書などの、民衆が作成した文書の方が圧倒的に多いということが、近世文書の特質として指摘されているのである（青木美智男「近世の地方文書と近世史研究」）。俳諧・和歌・漢詩などの文化も各階層に普及した（杉仁『近世の地域と在村文化』）。民衆の間でなされる情報流通も活発となり、それらの情報を書きとめた「風説留」などが、次第に世論を形成していくこととなった（宮地正人『幕末維新変革史』上）。幕藩制国家も、このようにして形成されていく世論を無視することができなくなりつつあったのである。

高柳信一は「近代国家における基本的人権」という論文のなかで、中世ヨーロッパにおける「法」が、永遠に改変すべからざるものであり、したがって「旧法は新法を破る」ことを本質とするものであったにもかかわらず、現実においては、それが書きとめられていないかぎり容易に忘却されるものであったと述べている。その結果、これを記憶に留め形に残して保存する能力と手段とをもつものの権利・自由は保全され、これらをもたない社会的弱者のそれは容易に奪われるものであったとしている（高柳「近代国家における基本的人権」）。

民衆が作成した文書のぼう大さを特徴とする日本の近世社会というものを、この点から考えてみることも興味深いものがある。ぼう大な文書を作成し、保存する民衆。そのなかには、非公開のはずの法令や種々の文書もふくまれている。このようなものを交換し合い、「公論」を形成しつつあった民衆。それらの人々は、もはや法を記憶に留め保存する能力・手段を有しない社会的弱者のようなものではなかったということであろうか。

一七世紀に闘われた一揆や争論の訴状を学習するという目安往来物の実践は、闘いの経緯や論点あるいはその結末などについて、教育という、なにごとかを後世に継承する行為のなかでもっとも強力な実践の形式をとりながら、記憶し、形に残して留める行為にほかならなかった。それは、近世という時代が有している社会的水準に依拠した、ひとつの社会運動であったということができるだろう。

失われたもの

以上の近世社会の水準というものは、近世国家がなしとげた公権的平和の所産にほかならなかった。多くのものを人々はこのような平和によって得たのである。しかしながら、ひとつのものを得れば別のものを失うということもままあることである。得たものと同時に、失ったものに対しても注意深く目配りをすることが求められるように思われる。

この点で、中世の一揆が体現していた、集団および個人としての自律性や世俗権力をも超越する権威といったものが、ひとつの理念や慣行、あるいは侵犯すべからざるものとしてこの国の社会に定着する機会を失ったということは、やはり無視すべきではないように思われる。

水林彪は、社会のあらゆる要素が自由奔放に自己を主張した戦国期の状況が統一権力によって克服された結果、幕藩体制における国家と法はきわめて強靭なものとなり、このため、長く日本の民衆がこれを内面的に克服するのを妨げるにいたったと述べている（水林『封建制の再編と日本的社会の確立』）。そしてその結果、日本においては、西洋と異なり、世俗の諸権力を拘束すると意識されていた中世的な道理＝正義の観念が、実定法的な法制度へと結実してゆくことができなかったのだと結論づけている。国家をも拘束する超越的な法の観念、すなわち国家がそれに違反すれば、国家自身が裁判所の前に立たされるのだという法の観念が、十分には形成されることがなかったというのである。

もちろん、現代の視点を安易に歴史に持ち込むべきではないのだろう。しかし、これまでの歴史研究も、時々の現実的課題と切り結びながら展開されてきたものだったはずである。この点からすれば、国家権力を拘束する規範としての立憲制の原理が、過去の遺物のようにさえみなされ、むしろ国民を拘束する規範として憲法が構想されるにいたっているこの国の現状のなかにあって、中世一揆の挫折によって失われたものについて再考してみることは、なお必要であるように思われる。

歴史的に成し遂げられた公権的平和の価値と、その過程で失われていったものの両方について、私たちは忘れずにいるべきなのかもしれない。

あとがき

百姓一揆の訴状が往来物となって普及している。それが本書の、また筆者自身の研究の出発点ともなる出来事であった。当初の予想に反して、それは、幕藩制に対する体制批判のようなものというより、むしろ幕藩制が確立していく過程に寄り添いながら、次第にその姿をあらわしたものでもあった。

目安往来物と筆者がそう呼んでいる一群の写本は、いずれも一七世紀におこった事件において作成された訴状であり、その種類もいまのところ限定的なものである。その意味で本書は、歴史のなかでおこったそれほど大きくない出来事についての、ささやかな事例研究というべきものでもある。しかしながら、その小さな窓には、歴史の大きなうねりのようなものが映し出されていたのである。自力救済の世界から公権的平和の世界へと転換しつつあった時代を生きていった人々の、苦闘にみちた息遣いが、そのなかには込められている。それゆえに、目安は往来物となり、長く人々に読まれていくことになったのだろう。

それは、民衆がつくりだした、民衆自身を主人公とする歴史についての教科書でもあった。闘いについての記憶を自覚的に後世へと継承しようとするものであった。このようなものが、一七世紀に成立して、東北地方の各地に普及すると同時に、次々と類書を産み出していったことは、なお記憶にとどめられてよい出来事であるように思われる。

本書は、目安往来物について、これまで調査し研究してきたことをまとめたものである。『近世民衆の教育と政治参加』（校倉書房、二〇〇一年）に記したもののうち、目安往来物に焦点をしぼり、あらたな資料を追加すると同時に、往来物史全体における位置づけについて検討をくわえてみた。

目安往来物は、一定の広がりを持ちながらやがて収束していったものであったというのが、本書におけるひとつの結論である。しかしながら、いくつかの類書が発見される可能性は今後もありえるのではないかと考えている。各地の資料を見るなかで、往来物と類似した書きぶりの訴状もないわけではないからである。本書においては詳述しなかったが、ある写本が往来物であると断定することは存外に難しい。基本的には筆致などから判断するほかないのであるが、「白岩目安」などのように、他の著名な往来物と合冊されているような場合もあるので、ひとつの手掛かりにはなるだろう。

「黎民百姓御訴訟状」のようなものが見いだされていることもあり、今後も新種の訴状系往来物が発見される可能性はあるのかもしれない。郷土史や自治体史編纂事業などにおいて、少しでもそのような関心を持っていただければ幸いである。

なお本書執筆後、小泉吉永氏より六歳の子どもが持ち主であることを明記した「信夫目安」を発見したとする連絡を受けた。義民として著名な高梨利右衛門が作成したとされる目安である。「信夫目安」については、これまでも往来物である可能性を示唆してきたが、本資料により、その可能性が一層高まったと考えられる。

本書の執筆にあたっては、小泉吉永氏より多くの資料を提供いただいた。記して謝意を表したい。また目安往来物の閲覧・撮影をご許可いただいた所蔵者の皆様に、あらためて感謝申し上げたい。執筆の度々の遅延にもかかわらず、辛抱強く見守っていただいた吉川弘文館の矢島初穂さんに深く感謝申し上げる。

本研究は、ＪＳＰＳ科研費（26381007）の助成を受けた研究成果の一部である。

二〇一七年七月

八鍬友広

参考文献

青木虹二編・保坂智補編『編年百姓一揆史料集成』全一九巻、三一書房、一九七九〜一九九七年
青木美智男「近世の地方文書と近世史研究」青木美智男・佐藤誠朗編『近世史への招待』有斐閣、一九九二年
阿部正己『出羽三山史』阿部整一、一九七三年復刻
石川謙・石川松太郎編『日本教科書大系』往来編 第一一巻、講談社、一九七〇年
石川松太郎『藩校と寺子屋』(『教育社歴史新書』)教育社、一九七八年
石川松太郎監修・小泉吉永編『往来物解題辞典』解題編、大空社、二〇〇一年
井上　攻『由緒書と近世の村社会』大河書房、二〇〇三年
入間田宣夫『百姓申状と起請文の世界―中世民衆の自立と連帯―』東京大学出版会、一九八六年
岩城卓二「近世中後期の村社会と郷宿・用達・下宿」藪田貫編『社会と秩序』青木書店、二〇〇〇年
岩城卓二「日本近世の行政・裁判をささえる郷宿」臼井佐知子他編『契約と紛争の比較史料学―中近世における社会秩序と文書―』吉川弘文館、二〇一四年
岩橋清美『近世日本の歴史意識と情報空間』名著出版、二〇一〇年
岩鼻通明『出羽三山信仰の歴史地理学的研究』名著出版、一九九二年
岩鼻通明『出羽三山の文化と民俗』岩田書院、一九九六年

乙竹岩造『日本庶民教育史』中巻、臨川書店、一九七〇年復刻
勝俣鎮夫『戦国法成立史論』東京大学出版会、一九七九年
勝俣鎮夫『一揆』(『岩波新書』) 岩波書店、一九八二年
橘川俊忠「史料としての手習本」神奈川大学日本常民文化研究所奥能登調査研究会編『奥能登と時国家』調査報告編1、平凡社、一九九六年
久留島浩・吉田伸之編『近世の社会集団―由緒と言説―』山川出版社、一九九五年
黒田弘子『ミミヲキリ ハナヲソギ―片仮名書百姓申状論―』(『中世史研究選書』) 吉川弘文館、一九九五年
小出町教育委員会編『小出町歴史資料集』第三集 近世銀山編、一九八二年
寒河江市史編纂委員会編『寒河江市史編纂叢書』第二九集、一九八三年
阪西紀子「斧を手にして法廷へ―戦いか訴訟か―」歴史学研究会編『紛争と訴訟の文化史』青木書店、二〇〇〇年
司東真雄編『岩手の百姓一揆集 盛岡以南』北上市史刊行会、一九七六年
清水克行『日本神判史―盟神探湯・湯起請・鉄火起請―』(『中公新書』) 中央公論新社、二〇一〇年
杉　仁『近世の地域と在村文化―技術と商品と風雅の交流―』吉川弘文館、二〇〇一年
鈴木省三編『仙台叢書』第三巻、仙台叢書刊行会、一九二三年
須田　努『「悪党」の一九世紀―民衆運動の変質と〝近代移行期〟―』青木書店、二〇〇二年
高木昭作『日本近世国家史の研究』岩波書店、一九九〇年

高木不二『日本近世社会と明治維新』有志舎、二〇〇九年
高柳信一「近代国家における基本的人権」東京大学社会科学研究所編『基本的人権1　総論』東京大学出版会、一九六八年
瀧川政次郎『公事師・公事宿の研究』赤坂書院、一九八四年
津南町史編さん委員会編『津南町史』資料編上巻、一九八四年
津南町史編さん委員会編『津南町史』通史編上巻、一九八五年
中田　薫『法制史論集』第三巻、岩波書店、一九四三年
那須貞太郎編『西川町史編集資料』第一一号、西川町教育委員会、一九八〇年
新潟県編『新潟県史』資料編七　近世二、一九八一年
西川町教育委員会編『西川町史編集資料』第一四号、一九八六年
西川町史編纂委員会編『西川町史』上巻、一九九五年
羽下徳彦「故戦防戦をめぐって―中世的法秩序に関する一素描―」「中世の窓」同人編『論集　中世の窓』吉川弘文館、一九七七年
速水融・宮本又郎編『経済社会の成立―一七―一八世紀―』(『日本経済史』一)岩波書店、一九八八年
尾藤正英『江戸時代とはなにか―日本史上の近世と近代―』岩波書店、一九九二年
深谷克己『(増補改訂版)百姓一揆の歴史構造』(『歴史科学叢書』)校倉書房、一九八六年
深谷克己「義民像の源流」『日本学』一七号、一九九一年
深谷克己『百姓成立』(『塙選書』)塙書房、一九九三年

藤木久志『豊臣平和令と戦国社会』東京大学出版会、一九八五年
舟形町史編集協力委員会編『舟形町史資料集』No.4、舟形町教育委員会、一九七五年
保坂　智「義民誕生の時期と条件」青木美智男・保坂智編『江戸時代』（『新視点　日本の歴史』第五巻）新人物往来社、一九九三年
保坂　智「百姓一揆―その虚像と実像―」辻達也編『近代への胎動』中央公論社、一九九三年
保坂　智「百姓一揆」『岩波講座　日本通史』一三、岩波書店、一九九四年
保坂　智『近世義民年表』吉川弘文館、二〇〇四年
保坂　智『百姓一揆と義民の研究』吉川弘文館、二〇〇六年
保坂智編『一揆と周縁』（『民衆運動史』一）青木書店、二〇〇〇年
丸山　茂『神都岩根沢の面影』神都岩根沢の面影刊行会、一九四〇年
水林　彪『封建制の再編と日本的社会の確立』（『日本通史』二）山川出版社、一九八七年
宮城県史編纂委員会編『宮城県史』第一、一九五七年
宮地正人『幕末維新変革史』上、岩波書店、二〇一二年
八鍬友広『近世民衆の教育と政治参加』（『歴史科学叢書』）校倉書房、二〇〇一年
山内　進「同意は法律に、和解は判決に勝る」歴史学研究会編『紛争と訴訟の文化史』青木書店、二〇〇〇年
山形県編『山形県史』資料篇一五下、一九七九年
渡辺尚志『武士に「もの言う」百姓たち―裁判でよむ江戸時代―』草思社、二〇一二年

渡辺為夫『寛永白岩一揆』藤庄印刷株式会社、一九八六年
ロバート・バートレット（竜嵜喜助訳）『中世の神判―火審・水審・決闘―』尚学社、一九九三年

著者紹介

一九六〇年、山形県に生まれる
一九八九年、東北大学大学院教育学研究科博士後期課程満期退学
現在、東北大学教育学部教授、博士（教育学）

主要編著書・論文

『近世民衆の教育と政治参加』（校倉書房、二〇〇一年）
『識字と読書―リテラシーの比較社会史―』（共編著、昭和堂、二〇一〇年）
『識字と学びの社会史―日本におけるリテラシーの諸相―』（共編著、思文閣出版、二〇一四年）
「往来物のテクスト学」（辻本雅史編『知の伝達メディアの歴史研究―教育史像の再構築―』思文閣出版、二〇一〇年）
「民衆教育における明治維新」（明治維新史学会編『講座明治維新10　明治維新と思想・社会』有志舍、二〇一六年）

歴史文化ライブラリー
454

闘いを記憶する百姓たち
江戸時代の裁判学習帳

二〇一七年（平成二十九）十月一日　第一刷発行

著　者　八《や》鍬《くわ》友《とも》広《ひろ》
発行者　吉川道郎
発行所　株式会社 吉川弘文館
東京都文京区本郷七丁目二番八号
郵便番号一一三―〇〇三三
電話〇三―三八一三―九一五一〈代表〉
振替口座〇〇一〇〇―五―二四四
http://www.yoshikawa-k.co.jp/
印刷＝株式会社 平文社
製本＝ナショナル製本協同組合
装幀＝清水良洋・陳湘婷

ISBN978-4-642-05854-4

歴史文化ライブラリー

1996. 10

刊行のことば

現今の日本および国際社会は、さまざまな面で大変動の時代を迎えておりますが、近づきつつある二十一世紀は人類史の到達点として、物質的な繁栄のみならず文化や自然・社会環境を謳歌できる平和な社会でなければなりません。しかしながら高度成長・技術革新にともなう急激な変貌は「自己本位な刹那主義」の風潮を生みだし、先人が築いてきた歴史や文化に学ぶ余裕もなく、いまだ明るい人類の将来が展望できていないようにも見えます。このような状況を踏まえ、よりよい二十一世紀社会を築くために、人類誕生から現在に至る「人類の遺産・教訓」としてのあらゆる分野の歴史と文化を「歴史文化ライブラリー」として刊行することといたしました。

小社は、安政四年(一八五七)の創業以来、一貫して歴史学を中心とした専門出版社として書籍を刊行しつづけてまいりました。その経験を生かし、学問成果にもとづいた本叢書を刊行し社会的要請に応えて行きたいと考えております。

現代は、マスメディアが発達した高度情報化社会といわれますが、私どもはあくまでも活字を主体とした出版こそ、ものの本質を考える基礎と信じ、本叢書をとおして社会に訴えてまいりたいと思います。これから生まれでる一冊一冊が、それぞれの読者を知的冒険の旅へと誘い、希望に満ちた人類の未来を構築する糧となれば幸いです。

吉川弘文館

歴史文化ライブラリー

近世史

- 神君家康の誕生 東照宮と権現様 — 曽根原 理
- 江戸の政権交代と武家屋敷 — 岩本 馨
- 江戸の町奉行 — 南 和男
- 江戸御留守居役 近世の外交官 — 笠谷和比古
- 検証 島原天草一揆 — 大橋幸泰
- 大名行列を解剖する 江戸の人材派遣 — 根岸茂夫
- 江戸大名の本家と分家 — 野口朋隆
- 赤穂浪士の実像 — 谷口眞子
- 〈甲賀忍者〉の実像 — 藤田和敏
- 江戸の武家名鑑 武鑑と出版競争 — 藤實久美子
- 武士という身分 城下町萩の大名家臣団 — 森下 徹
- 旗本・御家人の就職事情 — 山本英貴
- 武士の奉公 本音と建前 江戸時代の出世と処世術 — 高野信治
- 宮中のシェフ、鶴をさばく 江戸時代の朝廷と庖丁道 — 西村慎太郎
- 馬と人の江戸時代 — 兼平賢治
- 犬と鷹の江戸時代 〈犬公方〉綱吉と〈鷹将軍〉吉宗 — 根崎光男
- 紀州藩主 徳川吉宗 明君伝説・宝永地震・隠密御用 — 藤本清二郎
- 江戸時代の孝行者 「孝義録」の世界 — 菅野則子
- 死者のはたらきと江戸時代 遺訓・家訓・辞世 — 深谷克己
- 近世の百姓世界 — 白川部達夫
- 闘いを記憶する百姓たち 江戸時代の裁判学習帳 — 八鍬友広
- 江戸の寺社めぐり 鎌倉・江ノ島・お伊勢さん — 原 淳一郎
- 宿場の日本史 街道に生きる — 宇佐美ミサ子
- 江戸のパスポート 旅の不安はどう解消されたか — 柴田 純
- 〈身売り〉の日本史 人身売買から年季奉公へ — 下重 清
- 江戸の捨て子たち その肖像 — 沢山美果子
- 江戸の乳と子ども いのちをつなぐ — 沢山美果子
- 歴史人口学で読む江戸日本 — 浜野 潔
- それでも江戸は鎖国だったのか オランダ宿日本橋長崎屋 — 片桐一男
- エトロフ島 つくられた国境 — 菊池勇夫
- 江戸時代の医師修業 学問・学統・遊学 — 海原 亮
- 江戸の流行り病 麻疹騒動はなぜ起こったのか — 鈴木則子
- 江戸幕府の日本地図 国絵図・城絵図・日本図 — 川村博忠
- 都市図の系譜と江戸 — 小澤 弘
- 江戸の地図屋さん 販売競争の舞台裏 — 俵 元昭
- 近世の仏教 華ひらく思想と文化 — 末木文美士
- 江戸時代の遊行聖 — 圭室文雄
- 松陰の本棚 幕末志士たちの読書ネットワーク — 桐原健真
- 幕末の世直し 万人の戦争状態 — 須田 努
- 幕末の海防戦略 異国船を隔離せよ — 上白石 実
- 江戸の海外情報ネットワーク — 岩下哲典

歴史文化ライブラリー

黒船がやってきた 幕末の情報ネットワーク——岩田みゆき
幕末日本と対外戦争の危機 下関戦争の舞台裏——保谷 徹

近・現代史

五稜郭の戦い 蝦夷地の終焉——菊池勇夫
幕末明治 横浜写真館物語——斎藤多喜夫
水戸学と明治維新——吉田俊純
大久保利通と明治維新——佐々木 克
旧幕臣の明治維新 沼津兵学校とその群像——樋口雄彦
維新政府の密偵たち 御庭番と警察のあいだ——大日方純夫
明治維新と豪農 古橋暉皃の生涯——高木俊輔
京都に残った公家たち 華族の近代——刑部芳則
文明開化 失われた風俗——百瀬 響
西南戦争 戦争の大義と動員される民衆——猪飼隆明
大久保利通と東アジア 国家構想と外交戦略——勝田政治
自由民権運動の系譜 近代日本の言論の力——稲田雅洋
明治の政治家と信仰 クリスチャン民権家の肖像——小川原正道
日赤の創始者 佐野常民《つねたみ》——吉川龍子
文明開化と差別——今西 一
アマテラスと天皇 〈政治シンボル〉の近代史——千葉 慶
大元帥と皇族軍人 明治編——小田部雄次
明治の皇室建築 国家が求めた〈和風〉像——小沢朝江
皇居の近現代史 開かれた皇室像の誕生——河西秀哉
明治神宮の出現——山口輝臣
神都物語 伊勢神宮の近現代史——ジョン・ブリーン
日清・日露戦争と写真報道 戦場を駆ける写真師たち——井上祐子
博覧会と明治の日本——國 雄行
公園の誕生——小野良平
啄木短歌に時代を読む——近藤典彦
鉄道忌避伝説の謎 汽車が来た町、来なかった町——青木栄一
軍隊を誘致せよ 陸海軍と都市形成——松下孝昭
家庭料理の近代——江原絢子
お米と食の近代史——大豆生田 稔
日本酒の近現代史 酒造地の誕生——鈴木芳行
失業と救済の近代史——加瀬和俊
近代日本の就職難物語 「高等遊民」になるけれど——町田祐一
選挙違反の歴史 ウラからみた日本の一〇〇年——季武嘉也
海外観光旅行の誕生——有山輝雄
関東大震災と戒厳令——松尾章一
モダン都市の誕生 大阪の街・東京の街——橋爪紳也
激動昭和と浜口雄幸——川田 稔
昭和天皇とスポーツ 〈玉体〉の近代史——坂上康博
昭和天皇側近たちの戦争——茶谷誠一

歴史文化ライブラリー

大元帥と皇族軍人 大正・昭和編――小田部雄次
海軍将校たちの太平洋戦争――手嶋泰伸
植民地建築紀行 満洲・朝鮮・台湾を歩く――西澤泰彦
帝国日本と植民地都市――橋谷 弘
稲の大東亜共栄圏 帝国日本の〈緑の革命〉――藤原辰史
地図から消えた島々 幻の日本領と南洋探検家たち――長谷川亮一
日中戦争と汪兆銘《おうちょうめい》――小林英夫
自由主義は戦争を止められるのか 芦田均・清沢洌・石橋湛山――上田美和
モダン・ライフと戦争 スクリーンのなかの女性たち――宜野座菜央見
彫刻と戦争の近代――平瀬礼太
軍用機の誕生 日本軍の航空戦略と技術開発――水沢 光
首都防空網と〈空都〉多摩――鈴木芳行
帝都防衛 戦争・災害・テロ――土田宏成
陸軍登戸研究所と謀略戦 科学者たちの戦争――渡辺賢二
帝国日本の技術者たち――沢井 実
〈いのち〉をめぐる近代史 堕胎から人工妊娠中絶へ――岩田重則
強制された健康 日本ファシズム下の生命と身体――藤野 豊
戦争とハンセン病――藤野 豊
「自由の国」の報道統制 大戦下の日系ジャーナリズム――水野剛也
敵国人抑留 戦時下の外国民間人――小宮まゆみ
銃後の社会史 戦死者と遺族――一ノ瀬俊也

海外戦没者の戦後史 遺骨帰還と慰霊――浜井和史
国民学校 皇国の道――戸田金一
学徒出陣 戦争と青春――蜷川壽惠
〈近代沖縄〉の知識人 島袋全発の軌跡――屋嘉比 収
沖縄戦 強制された「集団自決」――林 博史
原爆ドーム 物産陳列館から広島平和記念碑へ――頴原澄子
戦後政治と自衛隊――佐道明広
米軍基地の歴史 世界ネットワークの形成と展開――林 博史
沖縄 占領下を生き抜く 軍用地・通貨・毒ガス――川平成雄
昭和天皇退位論のゆくえ――冨永 望
ふたつの憲法と日本人 戦前・戦後の憲法観――川口暁弘
紙 芝 居 街角のメディア――山本武利
団塊世代の同時代史――天沼 香
鯨を生きる 鯨人の個人史・鯨食の同時代史――赤嶺 淳
丸山真男の思想史学――板垣哲夫
文化財報道と新聞記者――中村俊介

文化史・誌

落書きに歴史をよむ――三上喜孝
霊場の思想――佐藤弘夫
四国遍路 さまざまな祈りの世界――星野英紀・浅川泰宏
跋扈《ばっこ》する怨霊 祟りと鎮魂の日本史――山田雄司

歴史文化ライブラリー

- 将門伝説の歴史——樋口州男
- 藤原鎌足、時空をかける 変身と再生の日本史——黒田 智
- 変貌する清盛 『平家物語』を書きかえる——樋口大祐
- 鎌倉 古寺を歩く 宗教都市の風景——松尾剛次
- 空海の文字とことば——岸田知子
- 鎌倉大仏の謎——塩澤寛樹
- 日本禅宗の伝説と歴史——中尾良信
- 水墨画にあそぶ 禅僧たちの風雅——高橋範子
- 日本人の他界観——久野 昭
- 観音浄土に船出した人びと 熊野と補陀落渡海——根井 浄
- 殺生と往生のあいだ 中世仏教と民衆生活——苅米一志
- 浦島太郎の日本史——三舟隆之
- 〈ものまね〉の歴史 仏教・笑い・芸能——石井公成
- 戒名のはなし——藤井正雄
- 墓と葬送のゆくえ——森 謙二
- 仏画の見かた 描かれた仏たち——中野照男
- ほとけを造った人びと 止利仏師から運慶・快慶まで——根立研介
- 〈日本美術〉の発見 岡倉天心がめざしたもの——吉田千鶴子
- 祇園祭 祝祭の京都——川嶋將生
- 洛中洛外図屏風 つくられた〈京都〉を読み解く——小島道裕
- 時代劇と風俗考証 やさしい有職故実入門——二木謙一
- 化粧の日本史 美意識の移りかわり——山村博美
- 乱舞の中世 白拍子・乱拍子・猿楽——沖本幸子
- 神社の本殿 建築にみる神の空間——三浦正幸
- 古建築修復に生きる 屋根職人の世界——原田多加司
- 古建築を復元する 過去と現在の架け橋——海野 聡
- 大工道具の文明史 日本・中国・ヨーロッパの建築技術——渡邉 晶
- 苗字と名前の歴史——坂田 聡
- 日本人の姓・苗字・名前 人名に刻まれた歴史——大藤 修
- 数え方の日本史——三保忠夫
- 大相撲行司の世界——根間弘海
- 日本料理の歴史——熊倉功夫
- 吉兆 湯木貞一 料理の道——末廣幸代
- 日本の味 醤油の歴史——林 玲子・天野雅敏 編
- 天皇の音楽史 古代・中世の帝王学——豊永聡美
- 流行歌の誕生 「カチューシャの唄」とその時代——永嶺重敏
- 話し言葉の日本史——野村剛史
- 「国語」という呪縛 国語から日本語へ、そして〇〇語へ——川口 良・角田史幸
- 柳宗悦と民藝の現在——松井 健
- 遊牧という文化 移動の生活戦略——松井 健
- マザーグースと日本人——鷲津名都江
- 金属が語る日本史 銭貨・日本刀・鉄炮——齋藤 努

歴史文化ライブラリー

書物に魅せられた英国人 フランク・ホーレーと日本文化——横山 學
災害復興の日本史——安田政彦
夏が来なかった時代 歴史を動かした気候変動——桜井邦朋

民俗学・人類学

日本人の誕生 人類はるかなる旅——埴原和郎
倭人への道 人骨の謎を追って——中橋孝博
神々の原像 祭祀の小宇宙——新谷尚紀
女人禁制——鈴木正崇
役行者と修験道の歴史——宮家 準
鬼の復権——萩原秀三郎
幽霊 近世都市が生み出した化物——髙岡弘幸
雑穀を旅する——増田昭子
川は誰のものか 人と環境の民俗学——菅 豊
名づけの民俗学 地名・人名はどう命名されてきたか——田中宣一
番と衆 日本社会の東と西——福田アジオ
記憶すること・記録すること 聞き書き論ノート——香月洋一郎
番茶と日本人——中村羊一郎
踊りの宇宙 日本の民族芸能——三隅治雄
日本の祭りを読み解く——真野俊和
柳田国男 その生涯と思想——川田 稔
海のモンゴロイド ポリネシア人の祖先をもとめて——片山一道

考古学

タネをまく縄文人 最新科学が覆す農耕の起源——小畑弘己
農耕の起源を探る イネの来た道——宮本一夫
O脚だったかもしれない縄文人 人骨は語る——谷畑美帆
老人と子供の考古学——山田康弘
〈新〉弥生時代 五〇〇年早かった水田稲作——藤尾慎一郎
交流する弥生人 金印国家群の時代の生活誌——高倉洋彰
文明に抗した弥生の人びと——寺前直人
樹木と暮らす古代人 木製品が語る弥生・古墳時代——樋上 昇
古 墳——土生田純之
東国から読み解く古墳時代——若狭 徹
神と死者の考古学 古代のまつりと信仰——笹生 衛
土木技術の古代史——青木 敬
国分寺の誕生 古代日本の国家プロジェクト——須田 勉
銭の考古学——鈴木公雄

古代史

邪馬台国 魏使が歩いた道——丸山雍成
邪馬台国の滅亡 大和王権の征服戦争——若井敏明
日本語の誕生 古代の文字と表記——沖森卓也
日本国号の歴史——小林敏男
古事記のひみつ 歴史書の成立——三浦佑之